川口拓 著
危機管理領袖教育協會代表理事

天災後
才是危險的開始!?

都市型災害
應變求生計畫

前言

提到「求生」，往往會讓人想到在無人島或深山裡求生，總覺得跟自己沒什麼關係，但是近年來災害不斷，所有人都無法置身事外，必須瞭解怎麼求生。

災後重建工作需要下列三個步驟：自助、共助、公助。

自助是救助自己和家人；共助是與身邊的人們互助；公助是指獲得消防隊、警察、軍隊的支援，以及在避難所的飲食支援，泛指所有公家機關提供的幫助。

我們首先會面臨的，就是自助了。倘若沒有自助，就不會有共助；沒有共助，就不會有公助。由此可見，自助是最重要的。

而所謂的自助，就是求生。大多數人只會談論失去維生管線的問題，但凡是在地震火災、掉落物、倒塌的建築下保護自身安全和生存下去，都屬於求生行為。

也就是說，求生也與自助和共助息息相關。

本書主要講解的是在都市型災害中求生時訂立計畫的方法。

但大家需要注意的是，本書並沒有寫出正確答案，而是引導各位找出答案。因為，求生計畫必須依據每個人的生活型態來訂立，只有自己才能找出解答。

靠自己摸索來訂定計畫，也有助於熟悉、深入理解這份計畫。地震和其他災害隨時隨地都可能發生，希望本書能幫助各位在遇難之際，可以冷靜地逃生保命。

川口拓

CONTENTS 目次

第1章 災害會讓都市化為沙漠！

第2章 生存的原則

第3章 保命觀念

第3章

第4章 解除都市型災害的風險

第5章 戰勝都市型災害的恢復計畫

第6章 生存的喜悅

第 1 章

災害會讓都市化為沙漠！

「都市就是沙漠」，這麼說應該會讓大家摸不著頭緒吧。

都市是最安全又舒適的地方，水和食物也十分豐富，夜晚燈火通明。即便是隆冬時節，屋內也溫暖宜人，還不會遭到野生動物襲擊，簡直就是天堂。

然而，一旦發生災害，都市就會頓時化為一座極難生存的沙漠……

這是為什麼呢？

當都市化為沙漠時

懂得自力存活的求生專家，都知道求生難度會因場所而異。

其實，在森林裡或無人島上求生，對於精通求生術的人來說並沒有那麼難。因為，生存所需的東西在那些地方都很齊全。

收集湧泉或朝露，就能確保水源；有枯枝就能生火取暖，還能燒水消毒。擋風躲雨用的帳篷，也能用藤蔓、枯葉、粗枝來搭建。野外通常也有豐富的可食用野草和樹果。

現代人或許很難想像，其實大自然裡充滿維繫生命的材料。畢竟我們人類的祖先原本就住在森林裡，這也是理所當然的，只是我們現代人失去這分野性罷了。

我們失去了野性，正是這個事實才導致都市求生變得困難重重。

言歸正傳。所有求生專家最害怕的地方，就是沙漠。在沙漠中求生極為困難，幾乎無人能夠生還。其中寥寥無幾的生還者，絕大多數都是被湊巧經過的飛機發現、幸運到無以復加的個案。

因為在沙漠，尤其是像撒哈拉沙漠這種放眼望去只有沙丘的沙漠，完全沒有人類能賴以維生的材料，沒有水，沒有植物，也沒有食物。而且白天的沙丘燙得寸步難行，夜晚卻又冷得徹骨，還沒有任何材料可以避免凍死。

在沙漠裡求生，等同於絕望。

那麼，除了沙漠之外，你知道還有什麼情況難以求生嗎？

……就是公共設施停擺的都市。因災害而毀損的都市，會變成如同沙漠一樣難以生存的地獄。

八百萬有家歸不得的人要面臨的地獄

看似穩固的現代都市公共設施，其實只要一發生嚴重的災害就會輕易崩潰。有報告指出在三一一東日本大地震當天，光是在首都東京的都會區，就有大約五百一十五萬人有家歸不得，原因正是公共交通設施停擺。

地震發生當晚，有的人選擇在公司過夜，或是只能走路回家。超市與便利商店裡的水和食物都銷售一空，馬路上擠滿了要回家的人潮和汽車。失去公共設施的現代人居然如此無能為力。

東京都白天的人口，大約有一千五百萬人。萬一震央發生在首都市中心，有家歸不得的人推測將會涵蓋一都四縣、多達八百萬人。

也許有人會想：「萬一遇到災害，去避難所就好了。」但是，在人口稠密的都市裡，避難所恐怕根本不夠用。東京都內的避難所總面積，對比推測的避難人數，據說還缺了相當於十二座東京巨蛋的面積。

此外，即使我們順利抵達避難所，在交通網路斷絕的狀態下，也無從得知救援物資還要多久才會送達。

萬一發生都市型災害，我們除了要冒著難以從學校或職場回家、進不去避難所的風險以外，還需要具備在物資匱乏的狀況下生存的能力。

公共設施停擺的都市會缺乏所有物資

從天堂墜入地獄。

都市特有的性質會引起這種變化。

然而，我們現代人總會忘記都市是個特別的場所。

都市的特徵，在於遍布著人工設施。

道路鋪滿柏油，河道改為涵洞，排擠了許多野生動物。除非去公園，否則生活周遭也就只有學校和路邊會多少種些植物而已。

我們之所以能在都市裡舒適地生活，是因為有完善的公共設施。家家戶戶都有電力和自來水，去超市和便利商店就能買到食物。

而且，治安也有警察負責維護。

但是，萬一災害摧毀了這些公共設施，我們就會回歸野生狀態，必須自行取暖、取得水和食物，設法生存才行。

因此，大家可以想像一下。

野生的人類若要在失去公共設施的都市求生，資源有多麼匱乏。

首先是沒有食物。自家或超市裡尚有庫存時倒還無妨，可是當庫存見底之後，我們該吃些什麼呢？

豐饒的大自然裡有大量野草、魚類和野生動物，但這些並不存在於都市裡。

除此之外，也沒有飲用水。

如果身在大自然，不費吹灰之力就能找到河川或湧泉。雖然有些水不能直接喝，但只要將這些天然的水源煮沸消毒，大多可以飲用。

然而，都市地區的水通常都受到重金屬或藥品等化學汙染，即使煮沸也可能無法完全消毒。

這種水需要使用特殊的淨水器或蒸餾處理才能飲用，但鮮少有人會隨身攜帶淨水器，靠蒸餾取得的水也幾乎不足以維生（這也是在沙漠難以求生的原因之一）。

而**人在缺水狀態下，存活時限是七十二小時。如果七十二小時內喝不到水，就會死亡。**關於這點後面會再詳細敘述。

除此之外，在都市裡也找不到可用於取暖的枯枝，以及可作為材料的爬藤。加上地震過後若是大型餘震不斷，還必須離開有倒塌危險的建築物，連遮風避雨的地方都難以尋覓。

這樣各位是不是能夠瞭解，為什麼災後都市的環境會和沙漠一樣嚴苛了呢？

但問題並不僅止於此，都市還有其他大自然裡不存在的特殊危險。

那就是「人類」。

人為什麼會是一種危險

美國十分盛行都市求生的研究，有許多危機管理專家。而他們都一致認為，當真的深陷於嚴峻狀態時，務必要「避人耳目」。

這是什麼意思呢？

相信各位應該不太能理解這句話，所以我先揭曉答案吧。

這是為了保護自己不被失控的人攻擊。

災害造成的嚴苛狀況一旦持續太久，失控的人就會愈來愈多，這對專家來說幾乎已經是常識了。所以專家才會建議要迴避其他人，以免食物被搶走或是慘遭施暴。

在公共設施停擺的都市裡，人的存在就是一種危險。

或許有人會覺得，這是只有在槍枝合法的美國社會才有的狀況，其實不然。

二〇一一年，東日本大地震發生後，就陸續有人煙稀少的住宅區遭到闖空門、發生提款機和商店失竊案，並因此登上了新聞媒體。

地震剛發生不久，就有新聞報導指出青森縣八戶市光是在三月十四日和十五日這二天內，就發生了十一起竊盜案，這還是距離震央很遠的青森縣的情形。在地震重創地區，狀況遠比這個更加嚴重。

遭受毀滅性損害的宮城縣仙台市，當地媒體河北新報在二〇一一年三月三十一日報導，從地震發生到三月二十六日這二個星期的期間，警方就接獲大約二百九十起竊盜案的通報（引用自宮城縣警察公布的報告），平均一天就有約二十件。除了東日本大震災以外，其他災害也發生過類似的事。

各位必須知道，前述的例子不過是冰山一角。可以想見沒有通報立案的受害人數相當可觀，竊盜以外的犯罪應該也多得不勝枚舉。

在受災地橫行的性犯罪

我之所以會這樣說，是因為從實際受災者以及從事災後復興活動的熟人那裡，聽說了不少犯罪案例，而且都是不曾揭露過的犯罪行為。

其中像是強暴婦女這類難以通報的犯罪，很多都被掩蓋了。

除了竊盜和強暴以外，下列例子也隨處可見：

・謊稱要借浴室或廁所，帶走屋內婦女或幼兒。
・在避難所偷窺或偷拍。
・假扮成震災志工或消防隊員以便接近受災者。
・晚上在避難所有不明人士鑽進受災者的被窩。

這些性犯罪的受害案例，就算是在避難所裡也會發生。

日本內閣府發行的避難所營運指南裡提到「必須檢討性犯罪的防治策略」，但是在嚴重災害下要預防性犯罪並不容易。在管理和監視等「互助」措施不夠完善的狀況下，我們更需要具備保護自己的技能。

災害時期流傳的「謠言」

只要治安一惡化，就會出現謠言。

東日本大震災時期，就流傳著「有外國竊盜集團四處徘徊」的可疑訊息。根據產經新聞報導（二〇一七年一月十七日發布），東北學院大學郭基煥教授的研究指出，東日本大震災後，竟然有高達百分之八十六・二的日本人相信外國人四處犯罪的流言。

實際上，當年受災的三個縣（宮城、福島、岩手）中，外國人犯罪的發生率幾乎沒有變化，但大多數人卻輕信了謠言。

由此可知，包含謠言在內的資訊處理，也是應對都市型災害的重大要素。

產經新聞的報導中還寫到，郭教授認為謠言流傳的理由，可能是日本人知禮守序的印象與犯罪行為相去甚遠，於是才會衍生成「都是外國人在犯罪」的謠言。

換言之，「地震後頻傳的犯罪案件肯定是外國人幹的」，這種想法只是錯覺罷了。

災害會讓日本的治安惡化到彷彿置身國外。

儘管日本媒體都確實報導了災後的各種事件，但或許是為了激勵國民，總是一味地強調治安依然良好。雖然這是非常重要的考量，但各位必須知道，就算是日本，災後的都市治安一樣會惡化。

不少人應該都聽過受災戶在食物不夠的避難所裡克難分食的美談，但這要是發生在人數眾多的都市裡，又會如何呢？

災後常見的二種犯罪行為

災後會發生的犯罪行為，大致可以分成二種。

首先是**搶奪水和食物等物資的求生行為。**

這當然是違法的，不過卻不難理解這種本能行為。

說得極端一點，好幾天沒飯吃的人看到其他人擁有食物時，腦海裡閃現「偷」的想法是很自然的反應。或者說，就算自己還能撐下去，但要是年幼的孩子或心愛的人不停喊餓的話，又會如何選擇呢？道德觀念依然不為所動嗎？

另一個犯罪類型可能就有點令人費解了。這不是為了生存，而是**人心發狂導致的犯罪行為。**避難所的性侵事件就屬於這一類。

日本人平常都很善良溫和，但也會因為一個偶然就變得蠻橫無理。

一九七三年三月，埼玉縣上尾市的JR上尾車站發生了暴動，也就是所謂的上尾事件。當時的上尾市和現今一樣，已經是一座和平的衛星城市。但是在平日的早上，國家鐵路工會發起的「順法鬥爭」造成電車誤點，擠滿車站的通勤上班族因此忽然暴怒，憤而丟石頭砸毀車站和電車。

事件最後，由警方出動機動部隊才平息。然而，這群大鬧的人並沒有特定的思想背景，主要都是普通的上班族。可見當一群人的焦躁沸騰到頂點時，就會化身成為暴徒。

雖然這只是個案，卻難保災害時期不會發生類似的事件。根據在受災地活動的人士提供給我的資訊，實際上確實發生過這種狀況。的確，民眾在超乎想像的災害之下絲毫沒有感受到任何壓力，反而才不自然。

放眼全世界，防範災後治安惡化已經是一種常識。

如果各位還是沒有概念，可以在網路上搜尋「Urban survival（都市求生）」這個關鍵字，應該就能明白了。搜尋結果會出現很多關於槍械和防身術的資訊。

說來可悲，在災後的都市裡，「人」確實可能會變成一種危險。

都市求生的流程

前面已經談過災後的都市求生難度，這節就先來看看具體上會發生哪些狀況吧。

求生的定義有好幾種，其中之一是「因應所有可能發生的風險」。**所謂的風險，例如：發生大地震後，引發海嘯或造成治安惡化、缺乏飲用水等，諸如此類具體的危機。**所以，求生要先從預測可能風險開始。

如果在這個階段有所遺漏，就無法充分建立對策，還可能致命。精準抓出風險可以說是最重要的一道程序，未能抓出風險就會造成出乎預料的意外。換言之，因為沒有準備好應對方案，就會害自己遭遇情況時毫無設防。

接下來，要針對可以預想到的所有風險，準備好對策。以下是大致的流程，按照這個程序就算是完成求生準備了。

①預測風險

②建立對策

看起來很理所當然，但這就是求生的基本。

本書談的是都市型災害的求生之道，所以接下來會針對災後都市的情況，列舉出伴隨而來的風險。

那麼，當災害發生時，都市裡會出現什麼現象呢？

龐大的都市風險

日本內閣府的中央防災會議，是由全體閣員和專家組成，為日本最高權威的防災組織。該**中央防災會議整理了一張表格，列出都市面臨大地震時可能遭遇的風險。**

令人吃驚的是，列舉的風險多達三十個以上。

然而，實際遇上的風險可能更多。例如：在「戶外倒塌物、掉落物」的項目裡包含了「①磚牆、自動販賣機等物體倒塌」。雖然字面上只是說磚牆、販賣機等物體倒下，但具體可以推測出各種風險，像是人因為物體倒塌而受傷或被壓死、磚牆倒下而堵塞道路等等。

我想表達的是，都市求生可以預想到的風險數量非常龐大，遠比在森林和無人島上求生還要多。

都市求生缺乏水和食物等維生材料，還有人類這個未知威脅，可見風險之大。

這樣大家應該都能瞭解都市求生的難度了吧？或許還有讀者已經開始煩惱到底該怎麼辦才好了。

不過別擔心，其實不需要針對所有風險建立對策。因為求生有普遍原則，只要掌握原則，就能輕易應對任何風險。第二章會再詳細介紹這些原則。

此外，這些風險並非獨立發生，通常會按照特定的「劇本」接連發生。這裡所說的「劇本」，是包括特定風險發生前、發生時和發生後的一連串過程。事先用想像故事走向的感覺來預測災害，是非常重要的程序。

因此，針對單一風險擬訂的劇本，通常也會涵蓋其他風險。例如：針對磚牆倒塌的風險擬訂劇本，也可以應用於其他類似的風險上。

關於劇本的做法及其重要性，我會在第三章詳細解說。

圖1　都市型災害可能發生的風險

類別	風險	可能的受害情況
1	建築毀損	①建築物毀損
		②發生火災
2	戶外倒塌物、掉落物	①磚牆、自動販賣機等物體倒塌
3	人為被害	①暴徒攻擊
		②性侵害
		③謠言
4	維生管線毀損	①上水道
		②下水道
		③電力
		④通訊
		⑤瓦斯（都市天然氣）
5	交通設施毀損	①道路（高速公路、一般道路）
		②鐵路
		③港口
		④機場
6	生活上的影響	①避難者
		②無法回家者
		③物資
		④醫療機能
		⑤保健衛生、防疫、遺體處理等等

7	災害廢棄物	①災害廢棄物等
8	其他	①困在電梯內
		②長周期地震對高樓層建築的影響
		③道路阻塞
		④落石坍方擊中路上行車
		⑤交通人為被害（道路）
		⑥交通人為被害（鐵路）
		⑦災害期間需援護者
		⑧地震災害致死
		⑨人工開發住宅用地毀損
		⑩具危險物質的工業設施毀損
		⑪大規模集客設施等毀損
		⑫地下街、轉運站毀損
		⑬文化財產毀損
		⑭堤防、蓄水池潰決
		⑮海岸保全設施、河川管理設施下沉等
		⑯複合式災害
		⑰治安
		⑱影響社會經濟活動中樞機能
		⑲影響行政上的災害應急對策

※ 參照日本中央防災會議首都直下地震對策檢討工作小組「首都直下地震の被害想定と対策について（最終報告）」製表

最後，我還要告訴各位一個求生最重要的原則。

那就是保持樂觀。

神奇的是，不管什麼狀況，倖存的人都有個共同點，就是具有樂觀積極的心態。

縱使他們置身於絕望之境，也會著重於眼前能做的努力，偶爾還會自嘲身陷困境的自己。

說不定就是這種心態，才救了他們一命吧！

放心，一定有辦法生存下來的。

第 2 章

生存的原則

只有「量身訂做」的計畫才能讓你活下來

第一章，我們談到了公共設施停擺的都市非常危險、只要抓出風險即可做好初步的求生準備，以及事先想像風險發生的劇本有多麼重要。

想要求生，就必須擬好劇本。

如同前文所述，求生的劇本是按照時間順序，描述災害發生到生還的過程。需要注意的是，劇本並非只是單純集結風險對策組合，而是隱含脈絡。

「地震搖晃→躲到桌子下」、「斷水→儲備飲用水」、「電車停駛→走路回家」等等，這些即是劇本的要素，但都只是瑣碎的資訊而已。

這些瑣碎的資訊僅是抽象的一般論調，並沒有正中要點。

比方說「地震搖晃→躲到桌子下」，但有些獨居人士的家裡沒有堅固的桌子，可能根本無處可躲。

此外，有時候比起躲在桌子下，盡快跑到屋外可能還比較安全。

求生劇本終究無法靠一般論調涵蓋所有可能性。換言之，並不存在全體人類都適用的劇本。

這就意味著，求生劇本只能依照每個人的特性和生活「量身訂做」，**現成的求生術通常發揮不了功效。**

當然，如果現成的求生術剛好符合你所面臨的狀況，自然另當別論，但這種可能性很低。

我們在報章雜誌和電視上看到的，都是「吃野生動物」、「用乾電池生火」等現成求生術。為了讓民眾可以看得興致勃勃，媒體通常會誇張地表演這些技巧。然而，這些技巧並不是劇本，只是瑣碎的資訊。

瞭解求生資訊並非毫無用處，但如果能以事先預想的風險（例如：停瓦斯導致無法開火等）為前提來擬定劇本，就能準備好火柴或打火機，這個做法遠比前者更有效果。

然而，坊間之所以只流通現成的求生術，理由就跟服裝店都在賣成衣一樣，比較簡單且門檻較低。

訂購量身訂做的衣服，對於買賣雙方來說都很費工夫；販售大量生產的固定尺寸商品，雙方都能輕鬆省事。

但是，你穿起來最合身的終究不是成衣，而是量身訂做的服裝。

求生的普遍原則

這一章要談的，是我希望各位在量身訂做求生計畫之前，最好先知道的幾項普遍原則。

這些原則是我將自己從美國原住民的生活智慧、野地技藝，以及日本自衛官、海外軍人身上學到的概念，按照時間順序整理成的一套說法。對於歐美的危機管理專家和軍隊相關人士來說，應該都是基本常識。

需要留意的是，雖說是普遍原則，例外還是很多。求生和危機管理並沒有絕對的定論。

俗話說「防患於未然」，為了活下去，就一定要避免預斷和武斷。

遇到危機就要「S・T・O・P」

除了災害以外，只要一遭遇危機，就等於要開始求生。

危機來襲的瞬間，我們能做的應變非常少，最好先認清一點：事發當下，其實什麼都做不了。

我們會遭遇的危機種類千百種，像是天災、交通事故、犯罪、危險的野生動物、歹徒攻擊等等。

為了以防萬一，各位必須記住危機發生時的行動指標——「S．T．O．P」。

「S．T．O．P」分別是指「Stop（停止）」、「Think（思考）」、「Observe（觀察）」、「Plan（計劃）」，為全世界廣為人知的求生基本。出處於英語圈，不過凡是從事求生危機管理的人，應該多半都知道。

後面就來依序說明其中的內容。

鎮定待在原地以保障安全

第一個Stop，意思是不要慌亂，鎮定地待在原地。

當危機來臨時，人難免會驚慌失措、行動開始失控，但這種反應十分要命。

圖1　面臨危機時要立刻「S・T・O・P」

S	停止
T	思考
O	觀察
P	計劃

我在二〇一六年熊本大震災的電視新聞中，曾看到畫面拍出在餘震不斷的狀況下，一家人待在隨時可能倒塌的家門外呆若木雞的情景。

就在這時，大規模的餘震襲來。

結果，其中一個人慌張起來、突然跑走了。大概是因為過度恐懼，導致身體自己動了起來吧，但那個人並沒有明確要跑向的目的地。

處於慌亂狀態下，每個人都會有無意間做出的反射動作，這就是必須抑止的行動。

沒頭沒腦地亂跑，可能會進入危險場所、被掉落物砸中，或是碰到壞掉的電線而觸電。

如果只是跌倒受傷，還算是好運了。

當然，也有某些狀況最好能夠瞬間行動，像是海嘯來襲、被歹徒攻擊等等。

不過，即便是在這種緊急時刻，求生專家和保鑣這些訓練有素的人，也能瞬間執行S．T．O．P準則。所謂的專家，就是能在不到一秒的時間內，控制因恐懼而差點動起來的身體，並冷靜地判斷狀況。

求生領域中，是否能夠避免恐慌、先控制住身體無目的性的突發動作，就是決定生死的第一關卡。

反之，有的人會在面對危機時動彈不得，這種狀態就稱作「反恐慌」。

利用「反恐慌」

反恐慌是指人在危機發生的瞬間，就像是被蛇盯上的青蛙一樣，渾身動彈不得。軍隊和危機管理的專家通常會把這個詞用於負面意義。畢竟在敵人突然攻來，或是受到護衛的重要人物遇襲之際，僵在原地不動根本毫無用處。

不過，我們不是軍人，況且後續的應變更為重要。不妨換個角度來看，一般人的反恐慌狀態，也能算是剛才介紹過的第一步Stop反應，二者都是待在原地沒有任何動作。

如此一來，一般民眾與其因為慌張而隨便亂動，不如利用反恐慌時「無法動彈」的狀態，存活率還比較高。

身陷危機之際，人容易因為恐慌而亂動，或是因為反恐慌而動彈不得。

如果你親身經歷過東日本大地震，只要回想一下自己在天搖地動的瞬間做出的反應，就會明白自己屬於哪一種類型了（或是回想其他經歷過的大地震也行）。

相信不少人都是嚇到動彈不得。根據我個人做的調查，因反恐慌狀態而僵住的人屬於多數。

這種人或許會覺得自己很丟臉，居然在危機發生的瞬間毫無作為，其實不必羞愧，這是很自然的反應。

除非每天都接受訓練，否則很難像動作電影的主角一樣冷靜地應對。我們必須認清，普通人在事發當下不可能做出多複雜的行動。

我們一般人動彈不得是很正常的。而且一旦身體僵住，就很難靠自我意志動起來。不過，會陷入反恐慌狀態的人反而要慶幸才對，因為你已經學會最重要的第一步Stop了。

因此換個角度想，你天生就具備了反恐慌的能力，可以作為因應危機的手段。

當掉進表面結冰的水池時，是否能存活的關鍵就在於要先靜候幾秒鐘，以度過突如其來的驚嚇症狀。一旦落入冰水裡，刺骨的寒冷會瞬間包圍全身，一度使人呼吸困難。人在恐慌之際，通常會身體僵硬、無法活動自如。這或許就是因為身體陷入了某種反恐慌狀態。

倘若在身體動彈不得時勉強活動，就會快速消耗體力，結果反而會提高死亡機率。所以在這種狀況下不要強行活動，先調整呼吸、等身心都穩定下來以後，再開始設法逃脫。

其實，這個過程裡，就濃縮了完整的S．T．O．P準則，後面就來依序說明。

前面比喻在反恐慌狀態下，人就像是被蛇盯上的青蛙一樣。仔細一想，包含人類在內的所有動物，當遭遇危機時大多會動彈不得。也許，這代表身心需要時間來適應危機的狀況。

而在求生領域中，活用與生俱來的能力其實是非常重要的想法，希望各位能記住這一點。

接下來要談的是Think，直譯為思考，不過實際上這個詞在英文多半用於「讓發熱混亂的腦袋冷靜下來」的場合。

換句話說，就是讓腦袋Stop。

Stop是讓身體冷靜、Think是讓頭腦冷靜，這樣說會比較容易理解。二者事實上是同樣的道理。

冷靜後要仔細觀察四周

下一步Observe，就是指觀察。

意思是指以冷靜的身心狀態去觀察，掌握當下的狀況。

更正確來說，進入冷靜的狀態以後，才能夠觀察狀況。倘若無法理解狀況，就無法思考生還的方法。

換言之，必須先弄清楚狀況，思考剛剛發生了什麼事？危險在哪裡？

包含前面提到的反恐慌在內，我們自然而然會從Stop進行到Observe。

舉例來說，當你發現房間裡好像有股臭味，你應該會停止動作、全神貫注地開始觀察才對。

這個反應就是我所說的Observe。

從Stop到Think、讓身心都穩定下來之後，感官就會變得敏銳、能夠輕易釐清危險的真面目。

不要只仰賴視覺，感官才會變得敏銳

我再另外介紹一個在觀察時非常有用的觀點，就是建立廣角視野。這是一種讓五感全方位運作的訣竅。

人類從視覺取得的資訊量最為龐大。不僅如此，視覺以外的聽覺、嗅覺等感官也都受到視覺牽引。

舉例而言，當你在看電視時，視覺以外的感官也會集中於視覺所專注的目標上，也就是電視上，並試圖從中感受到目標對象的氣味印象（嗅覺）和質感（觸覺）。

而當視覺沒有聚焦、模糊地看著視野所見的全體時，其他感官也會受到牽引、拓展成大範圍的寬廣視野。簡單來說，就是變得可以廣泛地收集資訊。

面臨危機時，你需要收集的不是瑣碎的資訊，而是全體的資訊；不要依靠頭腦，而是要依靠感官來體會。

廣角視野在掌握狀況時非常有用，各位平常一定要練習這種觀點。

不過有一點千萬不能忘記，就是與廣角視野截然相反、聚焦於特定物體的「管狀視野」，這種視野也有其優勢。

管狀視野是我們常用於現代生活的觀點，可將龐大的資訊整理出邏輯、認知出個別詳情。

總而言之，我們必須學會併用廣角視野和管狀視野。

以開車來舉例說明，用廣角視野就可以大範圍地掌握其他車輛和行人的動向；用管狀視野則可以辨識出標誌的意義。

美國原住民的生活智慧裡，就提到野生動物也懂得分別運用廣角視野和管狀視野。我們不妨也學習一下吧！

「七秒」定生死

透過Stop、Think和Observe掌握狀況之後，就只剩下Plan了。

Plan字面上的意思是計劃行動，但實際上多半用於指稱行動（Act）本身。可能是因為Act無法湊成S．T．O．P的雙關語，才採用Plan一詞。總而言之，這個詞的最佳解讀是「計劃如何生存，並開始行動」的意思。

只要瞭解S．T．O．P準則，在遭遇危機的瞬間，就會比較能夠保持冷靜、不至於做出意料之外的反射性行動。

在護衛專家的領域裡，從危機發生、穩定身心（Stop）到按照計畫行動（Plan），必須在七秒以內完成。這個觀念源於過去的經驗，從恐怖份子發動攻擊到被壓制，總共需要花上大約七秒的時間。

當然，應變都市型災害和護衛重要人物的狀況不同，但地震等危險事態也都發生在短短幾秒內，時間上的感覺並沒有太大差異。

然而，要在如此短暫的時間正確應對，可想而知當危機真的發生之際，採取行動有多麼困難。

經常有人問我：「大地震當下該怎麼辦？」並期待我給出明確的回答，像是「躲在桌子下」或「找遮蔽物掩護」，不過我的答案都是「先認清自己其實什麼都做不了吧」。

負責保護重要人物的特種部隊或保鑣等護衛專家，都很清楚在實際遭到攻擊時，他們幾乎無能為力。因此，他們只會訂立極為單純的計畫，並反覆進行訓練。

具體而言，計畫有多單純呢？差不多就是「跑向槍聲的來源」這種程度。

就算是訓練有素的軍人，在危機當下也只能做到這樣。所以一般人什麼都做不到，是很自然的反應。

不過，這麼說絕對不是要你自暴自棄，意思恰恰相反，是要你**順著自然狀態在「當下」做出本能的行動。**

找回自己的本能，才是存活的最短捷徑。

回歸主題，在特定狀況下，必須在危機發生後的幾秒內開始展開行動（Plan）。這時會發揮功用的，就是事前準備了。平常為災害做的準備、想像的劇本愈充分，愈能當場迅速建立妥善的計畫，並精準地付諸行動。

因此在災害防範上，最重要的就是第三章會介紹的訂立計畫。

生命五大要素的優先順序

在訂立實際的災害應對計畫以前，我還要介紹另一項求生原則。

受災戶大多會處於維生管線斷絕的狀態。若是套用S．T．O．P準則，就會在冷靜下來（Stop）掌握狀況（Think）後，發現家裡的電力、瓦斯、自來水等資源已經切斷（Observe）。為了防備這種狀況，事先制訂計畫（Plan），就能順利克服難關。

換言之，我們必須考慮到時間上的限制，確認保障生存所需的物資，以便事發當下展開求生行動。

維生管線斷絕未必只出現在災害時期，遇難時也可能發生。不論是什麼情況，克服的原則都一樣，請各位務必牢記在心。

首先，各位知道人類生存所需的物質是什麼嗎？

圖3　生命五大要素

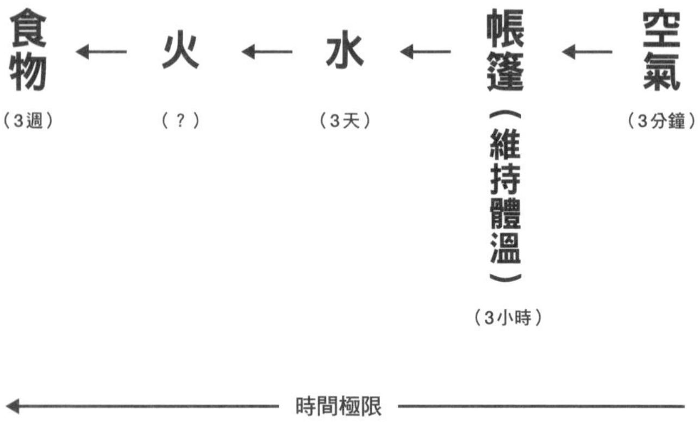

往下讀之前可以先思考一下，應該有水、食物……還有什麼呢？

答案是**空氣、帳篷、水、火、食物。**我稱之為「生命五大要素」。只要能獲得或維持這五要素，我們就可以活下去。

空氣的存在太過理所當然，我們常常會忘記。

至於帳篷就有點出人意表了吧？這就關乎我接下來要說明的重點：求生時維持體溫非常重要。

上方的圖表依照時間極限由短到

長排列，並列出缺乏該要素能活多久的時間。

比方說，人在沒有空氣（無法呼吸）的狀態下，頂多只能存活大約三分鐘。但實際上，不到一分鐘，人就無法保持意識清楚、身體能夠活動的狀態了。

此外，這裡所說的時間極限，是指一個人單獨求生的狀況，如果有救援隊或其他人在場，則不在此限。

換言之，在獨自求生的情況下，倘若沒有在三分鐘內呼吸到空氣的話，就是死路一條。

為什麼需要優先維持體溫

繼空氣之後，時間極限最短的要素既不是水也不是食物，而是體溫。

求生狀況下最常見的死因，就是凍死。

「凍死」這二個字可能會讓人聯想到在雪山中被雪活埋而結凍，諸如此類的罕見死法，實則不然。這裡所說的凍死，並不是「凍得硬邦邦而死掉」，而是失溫致死。

失溫是指人體核心溫度降到三十五度以下。由此可知，人的體溫即便只是下降幾度也足以致命，因此光是長時間泡在標準水溫（約二十度～二十四度）下的游泳池裡，也可能活活凍死。

凍死是在都市地區經常發生且近在身邊的威脅。

要說有多常見呢？據統計，日本凍死的人數遠比中暑而死的人數還多。許多人是在寒冬中醉醺醺地倒頭就睡、就此凍死，此外也不乏在屋內凍死的案例。

我們在冬季沒有凍死，是因為有遮風避雨的房屋、保暖的衣物和暖氣；但是當災害導致公共設施停擺時，我們很可能失去這些保暖手段，而像缺乏空氣的人一樣，逐步邁向死亡。

春季和秋季，甚至是某些狀況下的夏季，也可能三小時左右就凍死。當然，失足掉入表面結冰的水裡，不用三小時就會凍死。因此務必牢記，就算是夏天，也可能在幾小時內失溫而亡。

三小時這個時限，比後續要介紹的水和食物的時間極限更短。不僅如此，一旦出現失溫症狀，腦袋和身體就會開始不聽使喚，所以實際時限會比三小時更短。由此可知，求生的優先順序中，保持體溫是相當靠前的要素。

至少要有水

接下來時間極限也很短的就是飲用水，時限只有七十二小時。

不過，這七十二小時是指「不喝水也能存活」的時間，因此必須在二十四小時以

內取得飲用水。

在天災和遇難的新聞報導裡，經常出現「七十二小時黃金救援時間」之類的說法，就是指飲用水的時間極限。

剛才也說明過，維持體溫的門檻非常重要。東日本大震災中，很多人即使逃過了地動和海嘯，卻在當天晚上耐不住嚴寒而凍死。然而這也代表，只要能夠免於凍死、在七十二小時內獲救的話，就能活下來了。

火的珍貴

火帶給我們光和熱。從我們在日常生活中必須繳納電費和瓦斯費，便可輕易看出光與熱的重要性。人在某些狀況下沒有火也能維生，但這是因為我們大多可以利用火以外的物質取得光和熱。

生火就能取暖，藉此維持體溫。為了獲取飲用水，通常需要經過煮沸消毒的程序，這時也會用到火。

不僅如此，火可以在黑暗中帶來光明，並用來烹煮出熱騰騰的食物，為我們帶來非常重要的精神寄託。很多人以為只要有維持體溫的方法、獲取飲用水和食物就能夠活下去，但實際上若是沒有夜晚的燈火與溫熱的食物，人的精力就會逐漸耗損。

千萬別忘記火對人類的貢獻有多大。

人即使不進食也能存活三週

生命五大要素的最後一項是食物。因為食物的時間極限非常長，大約有三個星期。換言之，人可以在不進食的狀態下生存將近三週。我們常說「回家吃自己」，這句話就是源自於人體內囤積的脂肪會轉化成能量的緣故。

談到求生，很多人可能會聯想到採野草、吃野生動物之類的，不過實際上，食物的優先順序可以排在最後。因為在災害過了三個星期後，我們很可能已經得到救援了。其實在求生狀況下餓死的案例非常少，食物攸關生死的可能性相當低。

但話說回來，食物也並非可有可無。在保持心靈能量方面，食物具有極佳的效果。即使知道缺糧三週仍可以活下去，精神上恐怕也會先崩潰。

不過，建立「不進食也能活三週」的知識還是有很重大的意義。起碼可以讓人不至於因為沒有食物而陷入恐慌，減少精神上的負擔。

求生不簡單，卻也不難

這裡再重新整理一下生命五大要素。只要維持體溫、確保飲用水、有光和熱（火）的話，就算什麼也不吃，也能存活將近三週（當然，健康惡化或受傷的狀況除外）。

即便是東日本大震災這種有歷史性紀錄的大地震，也沒有發生在災後三週依然未獲救援的狀況。

只要在「生命五大要素」的排名中至少備妥到火，就有很高的機率成功倖存。求生雖然不簡單，但只要掌握要點，就沒有大家想像的那麼困難。或許過程中會感到孤立無援、無依無靠、飢餓難耐，但一定要記住自己可以活下來。

考慮家裡哪些物品要儲備多少、緊急避難包裡應該放些什麼時，依循「空氣↓帳篷↓水↓火↓食物」的原則就好了。

不過，這個優先順序不是取得的順序，而是指檢查的順序。舉例來說，遇難時感知當下狀況，先確定自己是否能維持體溫；倘若可以維持，再檢查是否有飲用水。關於這點，後面我們再來詳細瞭解。

「維護」要先於「獲得」

生命五大要素有個重要的共通原則。

那就是**在求生狀況中，「維護」要先於「獲得」**。坊間強調獲得的野外求生印象，很容易讓人忘記這個原則。

各位可以思考一下食物的取得管道。不管是採集野草和果實，還是獵捕動物，大原則都是「為了取得食物而消耗的熱量」要低於「可從食物中獲得的熱量」。

在山野裡奔波一整天卻只摘到一顆果實，就會造成熱量收支嚴重赤字，沮喪的心情也會打擊身心，只會加速死亡的到來。

如同前面提到的，人體內只囤積了可以存活三週的能量，所以視情況待在原地反而還能活得比較久。

身為現代人的我們，很容易忘記「獲得」有多麼辛苦。

以卡路里來舉例說明，日本成年男性一天的活動量會消耗超過三千大卡。三千大卡相當於需要攝取三十根以上的香蕉，或是二十顆以上的大蘋果。超市貨架上有很多食物是利用人為加工增加可食用部分，倘若自然界裡沒有這種食物，要獲得熱量就會更加艱辛。

因此，應當要在確保帳篷、水、火這三個要素，並整頓好可以長期求生的穩定狀況後，再正式去尋求食物。

如果在取得基本三要素的途中有機會採到野草等食材的話，當然沒必要刻意忽略不取，不過各位需要謹記一點，在短期求生中把精力花在獲取食物上，是很不切實際的行為。

順便一提，那些實踐並追求野外求生的人當中，很多人都認為不該重視熱量的攝取。野草這類原始食物的熱量雖低，營養的濃縮程度卻非常高，即使熱量低也能攝取到充足的營養。

專拍野外求生題材的電視節目裡，經常出現吃蛇或其他野味異食的場景。撇除節目效果不談，其實對於沒有經驗的人來說，要捉蛇、動物、昆蟲並不簡單。

人類之所以發展出狩獵技巧和設置陷阱的技術，就是為了減少打獵消耗的能量。野草號稱是野外求生的食物之王，正是因為它很容易取得。何況隨便吃下自己不熟悉的獵物，也是十分危險的行為。

「維護」必須先於「獲得」，這個原則不僅適用於取得食物上。

求生沒有排場可言

維持體溫也是同理。體溫也和食物一樣有「獲得」和「維護」這二個選項。多穿衣服、在身邊設置隔熱材，是屬於維護的方法；生火則是獲得的方法。

順便一提，有人認為如果處於非得生火才能維持體溫的狀況，代表火的優先順序高於帳篷（維持體溫），那麼空氣→帳篷→水→火→食物的順序就不能算是通用指標，但這裡並沒有考慮這些。前面提到的五大要素優先順序並不是指方法的優先順序，為了保持體溫，要設法生火或是穿衣服都可以。

如果處於無法維持體溫的狀態，就必須考慮生火。但若是想利用火得到熱度，伴隨而來的就是生火和取得柴薪要花費的心力和風險。除非別無選擇，否則應當優先採取能維持現有體溫的方法。

飲用水也是同理。取得飲用水並不簡單，所以要先注意避免流汗。不能一味地只考慮怎麼獲取，而是要確實掌握現狀，確定是否真的需要動身去獲取資源。

提到求生，或許很多人會先想要不顧一切去獲取物資，像是捕捉小動物當食物、生火、製作飲用水……等等。

獲得的行為的確很戲劇化、更貼近我們印象中的求生，但若是無法維護現狀的話，就需要考慮其他替代方案。

求生的目的是活下來，所以必須排除多餘的行為。

求生事實上非常低調。

慢慢行動，慢慢思索

求生有多低調，從行動方式就能看出來。

總之就是要注意放慢動作。

就連行走時，也要一步一步踏實地緩慢前進。問題不在於具體時速要多少公里，而是要以心理上能感受到從容的步調來行走，千萬不能奔跑。

這麼做首先是為了安全考量。求生環境中會有很多危險，所以要盡量減少摔倒和滑落等意外風險。**必須建立起受傷等同於死亡的心理認知。**

做工時也要特意放慢速度，按部就班地小心做好每個步驟，這樣才容易想像出自己現在的行動和行為可能造成的結果。當然，這也是防止受傷最原始的避險方法。放慢動作還有其他好處，就是會使感覺變得更敏銳、想像力變得豐富。若是慌慌張張地動作，感覺就會變得遲鈍，導致求生時非常重要的「想像」能力變得混亂。

建議各位可以先放下這本書，深呼吸一下，採取廣角的視野，以便放鬆投注於眼睛的力氣。

原本專注閱讀文字的視覺重獲自由後，感覺就會立刻變得豐富起來吧？你可能正待在自己的房間、咖啡店，或是通勤的交通工具上，此時你的感官裡肯定充滿了環境中獨特的氣味和聲音。周圍嘈雜的人聲、遠方行駛的汽車、空調運轉的噪音、咖啡香、房間的壁紙、你自己的體味、車廂的震動或是椅背的嘎吱聲響……

這些才是真正的「現在」。

請記住，細心累積每一個「現在」就是生存的本質，換言之就是營造未來。

就像各位現在感覺到的，我們生存的世界充滿了感覺資訊。

然而，我們現代人卻很矛盾，因為大量資訊而忙得不可開交，卻忘記大自然有多麼豐饒。這也許是現代人特有的生活之道，但是在求生時往往會成為巨大的阻礙。

舉例來說，我們在山裡迷路時，聽覺和觸覺將能發揮重要的功用。如果能夠聽見微弱的汽車引擎聲，或許就能找到遠方的道路；如果肌膚能感受到濕度突然上升，或許就會明白附近可能有湧泉或沼澤。

光靠視覺能夠獲取的資訊終究有限。

其實我們在無意識中，理應也能感知到視覺以外的資訊。

剛才你在放下書本的那一刻，可能已經感受到空調或窗外的噪音了；但是當你正在閱讀時，空調一樣運轉、窗外一樣有車輛行經，照理說你都聽見了才對。

但因為你專心在讀這本書，使得聲音只停留在無意識的階段，並未進入有意識的階段。**藉由「S．T．O．P」能讓身心穩定下來、放慢動作，連結到往往只停留在無意識階段裡的多種資訊。**

求生狀況下，生死取決於能收集到多少感覺資訊。收集到的資訊愈多，預測的精準度就會愈高。

例如：在炎熱的季節突然出現雲層，空氣裡的濕度上升、瀰漫出一股土味時，就代表要下雷陣雨了。

豐富的感覺資訊會告訴我們之後將發生的事，但許多現代人都不會意識到肌膚感受到的濕度和空氣的氣味。這也許是因為我們總是匆匆忙忙就過完一天的緣故吧！

只要任務明確，就能保持動力

這一章講述的原則，請大家一定要牢記在心，因為「S・T・O・P」和「生命五大要素」都可以套用在各種狀況，幫助我們釐清當下如何應變。

求生時，**恐懼會使人喪失求生的精力。**

實際上，在一般可以獲救的狀況下，精疲力盡或是自己涉入危險、導致喪命的案例並不少見。

這些人的問題都是喪失了活下去的動力。

之所以會喪失求生的精力，通常起因於他們不曉得究竟該如何應變。

我們常常聽到有人在危急時刻想起孩子或家人而湧起力量的故事，這可以解釋為當事人成功釐清了生存的目的，於是產生了活下去的動力。

在面對求生的風險時，也是同樣的道理。

倘若不知道該如何應變、無法掌握狀況，就可能會感到慌亂或者自暴自棄。不過只要能夠確定「To Do（要做什麼）」，或許就能避免這種反應。

針對都市型災害準備好緊急外出包、做好逃生訓練，就能在緊急時刻有效釐清該如何應變。

準備可以為我們帶來精力，精力會化為生存的動力。

保有自信、肯定現實

這章的最後我想告訴大家的是擁有自信的重要性。我說的自信，是指相信作為生物的自己與生俱來的求生力量。

我從事危機管理的啟蒙活動，同時也開班教授野地技藝，而野地技藝其中一個根本的目的，就是透過學習各種求生技術，來重新確認自己作為生物的能力和價值。

現代社會是由企業等龐大的組織和電腦所推動的，因此很多人都誤以為自己只不過是其中一個小螺絲釘罷了。作為生物的人類打造自己的巢穴、獵捕動物或採集野草過活的時代已經遠去。

科技進步所帶給我們的恩惠當然多得難以計數，但代價就是使我們喪失了作為野生動物的自信。

我們的祖先懂得生火、獵捕動物，肯定都有信心憑一己之力獲得生存所需的糧食吧。那是我們光靠在超市購買肉品也得不到的自信。

野地技藝具有可以讓人產生這股自信的神奇力量。

回到正題，**求生需要有自信。**需要在危機四伏的狀況下，也願意相信一丁點可能性的自信。

自信這個詞，可能會讓人想到一心一意、頑固堅決的樣子；不過這裡所謂的自信，是更柔軟的心態。在美國原住民的智慧裡，強大就等同於柔軟。

求生時，要有不吹毛求疵、能將任何狀況化為助力的豁達心境。從好的一面來說，是拋棄內心的預設、不抱任何期待而產生的自信。如果再加上前面提到的樂觀，存活的可能性肯定會更高。

我就是想透過這本書，為大家帶來這股自信。

第3章

保命觀念

瞭解都市的求生法則之後，接下來我就要舉例介紹緊急時刻的儲備清單，以及逃生用的緊急避難包準備方法。

可能會有人覺得為什麼要放在第三章介紹，其實是因為緊急儲備概念及緊急避難包的準備方法都需要依循求生法則，各位可以藉此複習一下前面的內容。

理想的求生就是繼續日常生活

求生過程愈接近日常生活，就算是愈成功。即使發生大災難，若能靠消耗家中的儲備物資、過得像是「不出門的假日」一樣，就是最理想的狀態了。

不論發生什麼災害，最好的避難場所之一就是自己的家。家裡有水、食物等可以維護生命五大要素的物質，環境也十分舒適。

然而，若是因為火災或是有倒塌的危險而無法待在家裡的話，就只能往外逃生了。這時就需要用到緊急避難包。

市售現成的避難包雖然也很好，不過請大家想起求生需要量身訂做的原則。能夠救你一命的理想避難包，只有你自己才做得出來。

拯救自己的求生用品法則

首先要準備一個當作避難包的登山背包……可能很多人會這麼想吧？但這個最後再買就好。首要之務是先確定包裡要裝的物品後，再準備可以剛好收納的最小尺寸背包即可。

避難包內要裝的物品，應以適合的法則挑選，不要只是姑且裝食物、水、工作手套……等等，要避免這種沒頭沒腦的打包方式。

因此，我們要將前面提到的求生法則「生命五大要素」（49頁）當作骨幹，優先考慮這五大要素，就會衍生出很多想法了。例如：有行動馬桶固然方便，但沒有也不會死，所以可以剔除，優先裝入能保命的用品。

另外若是可能的話，別忘記想好替代方案。**只有A計畫並不保險，最好也準備B計畫，可以的話再多準備C計畫。**

舉例來說，準備向救援者發信號通知自己位置的用具時，不要想著「哨子或鏡子擇一就好」，應當二個都裝進去。假使處於吹哨子（聽覺信號）失效的情況，至少還能用鏡子在視覺上彰顯自己的存在。此外，還可以裝入參加演唱會時會用的螢光棒當作C計畫。

這種訂立替代方案的法則也適用於準備避難包以外的狀況，請大家一定要記住。

確保空氣的頭罩和口罩

生命五大要素的第一項是空氣，但什麼樣的狀況會缺乏空氣呢？

空氣不足的狀況有很多，會立刻危及性命的就是火場中的濃煙。大地震經常引發火災，而火災致死的人幾乎都是因為一氧化碳中毒或死於有毒氣體（歸類為「燒死」案例的直接死因，絕大多數也都是煙霧）。

因此像是市售的防煙頭罩，最好就放在避難包裡最容易拿到的位置。這種頭罩通常長得像大塑膠袋，只要充入空氣後罩在頭上，在濃煙裡也能維持幾十秒～幾分鐘的呼吸，可以趁這段時間趕緊逃到安全的場所。

還有另一種必須確保空氣的狀況，就是隨著建築倒塌而產生粉塵和石棉的時候。雖然這些物質並不會瞬間致命，但長期來看恐怕對人體有害。

防塵口罩可以有效隔離粉塵。市售品的價格差異很大，但昂貴的商品未必就是好貨。使用十到二十片裝、價格約二千圓的便宜拋棄式口罩即可。求生狀況會因為有沒有口罩而天差地遠。

如果沒有口罩，單純用打濕的手帕或衣服的一角掩住口鼻也很有效果。

總而言之，準備緊急避難包的重點，在於要讓自己沒有負擔。如果準備太過特別、昂貴的物品，就算性能好，也會因為準備難度高，讓人容易打包到一半就放棄。建議只要用收集家裡現成便利用品的感覺來打包就可以了。

如果你不在意價格高昂，覺得應該準備專用器具才行，就備齊能讓自己安心的物品也無妨，但要記住千萬別吹毛求疵。

只要能夠掌握風險、有備無患，想怎麼打包都可以。最重要的是要實際動手準備量身訂做的緊急避難包。

維持體溫的基本守則

生命五大要素中，繼空氣之後就是體溫。

如果是留在家中，除非地處極寒之地，否則不太需要擔心。即便正值隆冬時節，只要身上裹著棉被就能禦寒，更何況家裡應該有不少保暖衣物吧。

如果地處需要徹夜開著暖氣就寢的**極寒之地，建議躲進壁櫥或其他狹小的地方；沒有的話就自己設法搭建。**躲進狹小的空間，再用棉被或衣服等蓬鬆的素材填滿空間裡的死角，會更容易保暖。

住在極寒之地的原住民，家裡都有用獸皮搭建的帳篷空間。只要在裡面點蠟燭，就能穿著單薄的衣服生活。不過在壁櫥中用棉被和衣服布置的防寒空間裡點蠟燭實在太危險，如果有替代用的發熱用品，應該也能營造出相當溫暖的空間。

從這個觀點來看，經常作為避難所的體育館、大禮堂之類的地方，其實不利於冬季保暖。因此在緊急狀況下，必須讓大批人進入體育館內的倉庫、擠成一團過夜。雖然這樣一點也不好睡，但總比活活凍死來得好。不過選擇體育館當作避難所有其合理的理由，我並沒有批評的意思，特此補充聲明。

若是在通勤途中等待在戶外的情況，維持體溫就會變得很緊迫，因為這會牽扯到是否能夠熬過夜。

在想到用火堆取暖以前，請各位先想起「維護先於獲得」的法則。當然並不是不可以靠火堆取暖，只是生火並不容易，還有引發火災的風險。

所以，維持當下的體溫才是基本原則。

避免體溫流失的基本守則，就是「不弄濕」、「不吹風」、「不觸摸溫度比體溫更低的物體」。當然還有其他守則，不過這三個最具代表性。

萬一身體弄濕了，體溫就會迅速下降，足以致命。流汗也會散失熱量，所以最好要注意。即使多少會熱到悶出汗，也要選擇足夠保暖的貼身襯衣。這點相當重要，今後一定要記住。

至於不吹風這點，風速每快一公尺、體感溫度就會下降一度。待在迎風處無疑是自殺，所以要找出背風處。此外，披戴、穿著防風衣物也很重要。

最後一項守則，則是不觸摸冰冷的水泥、石塊等溫度比體溫更低的物體。登山界有句話：「如果身上只有一張墊子，就別披在頭上，而是鋪在地上。」可見**隔離來自下方的冷空氣非常重要。**

如果迫不得已必須坐在冰冷的地方，地面一定要先鋪上冷空氣不會穿透的物品。若有毛毯是最好的，後面我會再介紹製作簡易坐墊的方法，給各位作為參考。

順便一提，維持體溫時很容易忘記頭部保暖，請千萬不能輕忽從頭部逸失的熱度。冬用的針織帽有絕佳的保暖效果，別忘了這點。

維持體溫要注重「基本的三層構造」

維持體溫最重要的就是服裝，而用服裝維持體溫有幾項重點。那就是確保「貼身的第一層」、「在最外側阻擋冷空氣的第三層」、「在第一層與第三層之間留住暖空氣的第二層」這三層構造。

第一層就是所謂的襯衣。選擇會貼住肌膚、被汗水濡濕也不易變冷的化學纖維衣物即可。許多人常穿的舒適純棉襯衣，一旦濕了就會吸走體溫，甚至足以稱作「致命素材」，所以在某些狀況下可能脫掉比較好。

雖然戶外活動和運動用品店裡販賣的昂貴襯衣質料最好，不過現在在量販店也能用便宜的價格買到這類襯衣，比棉衣更令人安心。

很多人會在避難包裡裝厚外套以便禦寒，但考慮到容量有限，這麼做其實不切實

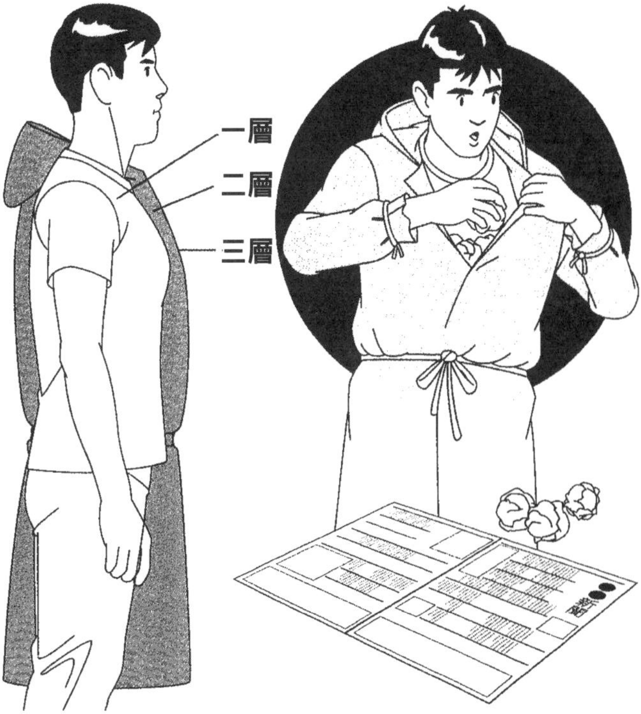
一層
二層
三層

際。考量到質量和保暖性，**準備有點貴但輕巧溫暖的襯衣才是聰明的選擇。**美麗諾羊毛材質雖然昂貴，但非常保暖，觸感也十分舒服。

況且，厚外套即使不裝進避難包，平常穿著的機會也比想像中還多。因此「把錢投資在襯衣」是登山家和軍人都熟知的常識理論。

既然最內側的是第一層，最外側阻擋冷空氣的就是第三層，這層**最好選擇防風外套這類用不通風材質做成的外衣。**如果能再加上防水功能會更好，有透氣性的戈爾特斯布料是常見的首選。

第三層不同於襯衣，尺碼要選得大一點。後面會談到，第一層和第三層之間需要有留住暖空氣的空間。若是外衣尺寸過大，冷空氣可能會趁隙鑽入，要多加注意。

介紹到這邊，大家應該都明白第一層的襯衣和第三層的外衣有什麼作用了吧？

不過，最重要的其實是夾在中間的第二層。倘若中間沒有第二層，外界寒冷的空氣就會傳導至肌膚。

第二層的功能，就是隔絕體溫和外界空氣。羽絨衣和羽毛被之所以暖和，就是因為留在羽毛之間的空氣可以阻絕外來的冷空氣。

因此，最好要有蓬軟的羽絨外套。如果沒有，就考量「利用空氣層隔絕寒冷」的原理，尋找其他替代品也可以。

這裡就來教大家用報紙製作臨時禦寒用品，當作其中一個替代品的範例。

在襯衣外面套上稍大的雨衣後，用繩子綁緊兩邊的袖口和腰部。這是為了避免塞進去的報紙掉落，以及避免體溫流失。接下來，將揉成團的報紙從雨衣領口不停塞進去，用報紙團在襯衣外和雨衣之間做出第二層。手臂和背部也要記得塞報紙。塞滿報紙後，扣緊領口的釦子即可。

各位只要嘗試一下就會明白，除了嚴冬季節以外，這種穿法會讓你暖和到流汗（可以用報紙團的數量來調整保暖度）。如果有暖暖包的話，放進第二層裡就能讓整層都溫暖起來。

瞭解用三層構造保暖的原理後，各位應該會發現落葉也能代替報紙吧。此外，運用相同的原理，在塑膠袋裡塞滿報紙團，就能做成隔絕地面冷空氣的臨時坐墊。這裡以報紙和落葉舉例，但不必拘泥於這二種，只要是蓬鬆乾燥的東西即可。因此在你周遭意想不到的物品，或許都能發揮滯留層的功效。

另外再補充一點，近年相當普及的緊急求生毯，如果也能在理解三層構造的前提下使用，效果會更好。緊急求生毯的熱反射率很高，當作第三層可以發揮出最棒的功能。因此可以的話，第一層的襯衣和**相當於第二層的報紙團都要準備。**

比起要小聰明，更重要的是瞭解事物的原理。只要知道原理，就能靈活應用。

可全方位活用的報紙

方才提到報紙，希望各位一定要將之放進避難包裡，因為報紙的通用性非常高。報紙不僅能當作保暖材，還能代替毛巾和廁紙。將報紙揉成團塞進大塑膠袋裡，就成了簡易馬桶；扭成棒狀固定後，能當作柴薪；揉成蓬鬆的團狀點火後，則能代替火種。

報紙就是典型能靈活運用的物品，能發掘出多種價值和面向。專用物品雖然用起來很順手，但只能用在特定用途上。

求生過程中，最不可或缺的就是靈機應變。像是發揮巧思運用報紙這種有各式用途的工具（儘管報紙本來只是一種讀物），就是一種靈活的應變方法。不要死腦筋地認為「A就是A」，最好要有「A是A，但或許也可以當成B、甚至是C」的聯想力。

人類祖先生活於森林裡的時代中，並沒有任何專用的工具。他們是利用落在旁邊的石塊，發展出匕首和斧頭等各式用途，還將樹枝加工成鏟子或長矛。

緊急避難包的容量有限，因此要盡可能裝入能一物多用的物品。

用防水帆布和繩子打造簡易避難空間

像熊本地震這種接連發生與主震相同規模的餘震時，留在屋內可能會很危險。這時能派上用場的，就是用防水帆布搭建的簡易避難空間。

這裡省略詳細的搭建步驟，總之要準備的有長寬約為二．七公尺×一．八公尺的防水帆布，以及傘繩這類細軟卻很堅固的繩子。

只要有這種帆布和繩子，就能以附近的柱子或曬衣竿為支柱，用石頭或磚塊當作錨（重物），搭出簡易避難空間。為了避免屋頂積水，帆布要拉成四十五度角，搭好的屋頂需與牆壁合為一體。

救命之水

接下來是水。

有了維持體溫的方法以後，如果還有飲用水和火，理論上就能存活將近三個星期。之所以說理論上，是因為就算湊足了生存必須的五大要素，還是會因休克或身體衰弱導致健康惡化，甚至可能會喪命。

我們常聽說有配偶的鳥若是喪偶，存活的那隻也會因為過度寂寞而在不久後死去，可見保持精神能量也是求生狀況要面對的課題。

總之，我們還是以能夠維持求生動力為前提來談下去吧！

由於在三個星期內獲救的可能性很高，因此實質上只要確保到四大要素就可以成功存活。然而，若是缺乏飲用水，人就會在三天內死亡。

由此可知，水的價值無法估量。

經常有人問我：「要儲備多少水才保險？」我都會回答：「能放多少就多少，能帶多少就多少。」可是帶水出門就會碰上重量的問題。市售的避難包也考量到這點，推出了用拉桿箱運水的設計。

為了維持健康，**每人每天最少要喝二公升的飲用水。**

一般而言，避難包預設的求生時間是七十二小時。四人家庭要存活三天，就需要二十四公升的水。因此如果能在家裡儲備水的話，只要有空間可以存放，最好儲備比這個容量更多的水。

除了飲用水以外，建議多準備小型的攜帶式淨水器。關於這一點，後面會再詳細解說。

此外，不只要儲備好家庭飲用水，也要經常在浴缸裡儲水。如此一來，隨時都有一百六十至一百八十公升的水可用，多麼令人安心。

不過，浴缸儲備的水雖然可以當作各式生活用水，但因為可能會有細菌繁殖，最好不要直接飲用。即使水看起來清澈到好像可以喝，「能不能喝」仍然很難判斷。

如果裡面沒有添加有害的入浴劑等物質的話，用淨水器過濾或煮沸處理後，就能當作飲用水。

但是，**有幼兒的家庭可能就要避免用浴缸儲水，否則會有孩童意外溺死的疑慮。**日本的消費者廳就建議有幼兒的家庭要放乾浴缸的水，以免小孩發生意外。

來路不明的水都必須先煮沸

喝水這個行為，有時候也是拿性命在賭。

求生過程中，飲水中毒也足以致命。

假使你在渴到受不了時找到不確定是否能喝的水，請一定要想起「不喝水的存活時限是七十二小時」這個法則。如果你最後一次喝水的時間還在時限之內，就不要喝；倘若時間已經逼近極限，就只能賭命喝了，反正橫豎都可能會死。

更何況，有過經驗的人應該都能想像，如果已經二天滴水不沾，喝水的慾望就會升高，讓人迫不及待去喝眼前來路不明的水。

為了避免落入這種兩難的判斷，最理想的方法是充分儲備安全的飲用水（保持瓶裝水之類），或是將有細菌的水淨化成飲用水。

使用攜帶式淨水器是最簡便的方法，因此一定要將之放進避難包裡。各廠商都有推出大約數千到一萬多圓的小型淨水器，可以去除水中的細菌，有些甚至還能消除病毒。

挑選都市型災害用淨水器的其中一個重點，就是除了殺菌功能以外，還要能夠過濾都市水源裡可能含有的農藥、重金屬等成分。如果有高性能的淨水器，即便是在被迫喝河水的嚴重狀況下，成功存活的可能性也很高。

或許有些人會覺得，連東日本大震災這種大規模災害都沒發生過這種慘狀了，不用考慮到這麼深遠的問題，不過我們還是要先預設最糟糕的狀況。

實際上，在阪神淡路大震災期間，就曾經發生過嚴峻的缺水狀況，民眾必須收集破裂地下水管從柏油路空隙中滲出的水。

都市型災害的規模愈大，缺水的問題往往就愈嚴重。在自己準備的避難包裡放入淨水器，不僅可以讓你活過七十二小時，或許還能讓你撐上三個星期。

此外，我們也要預想一下，在沒有淨水器的狀況下如何確保飲用水。

儘管操作起來非常麻煩，但至少還能補救。學會這個補救的方法，在絕望的處境下就能大大鼓舞人心。

束手無策才是最可怕的狀況。

補救用淨水方法

接下來要介紹的淨水方法，即使用來過濾都市的河水，也未必能濾出安全的水質，所以才會說是「補救用」。但還是可能成功，所以建議各位一定要學會。

首先，避難包裡要準備好下列物品：

・裝水用的鍋子
・喝開水用的杯子
・火（露營用的小火爐等）

只要東西選得好，就沒有想像中那麼占空間。這些工具可以將水煮沸殺菌，但至少要讓水沸騰二至三分鐘才行。等水沸騰至一百度時，應該就處理掉裡面繁殖的細菌了。不過，因為是隔著容器間接加熱，最好再多沸騰一下。

汲水容器和喝開水的容器必須分開，以免將在河邊等水源處取水時附著在容器外的水喝進嘴裡。可能的話，從河邊汲水的容器和煮水的鍋具最好也要分開。

另外還要請大家學會過濾器的製作方法。目的不是為了殺菌，而是去除細微雜質、味道和氣味，讓水變得更清澈好喝。

因此，避難包裡還要多準備下列物品：

・棉布巾
・保特瓶等筒狀容器。若使用保特瓶，要先切掉瓶底。軟保特瓶可以先壓扁再捲起，減少體積；硬保特瓶可以直接塞入布巾和過濾器零件，充分利用空間。
・沙子和碎木炭（機製炭亦可）

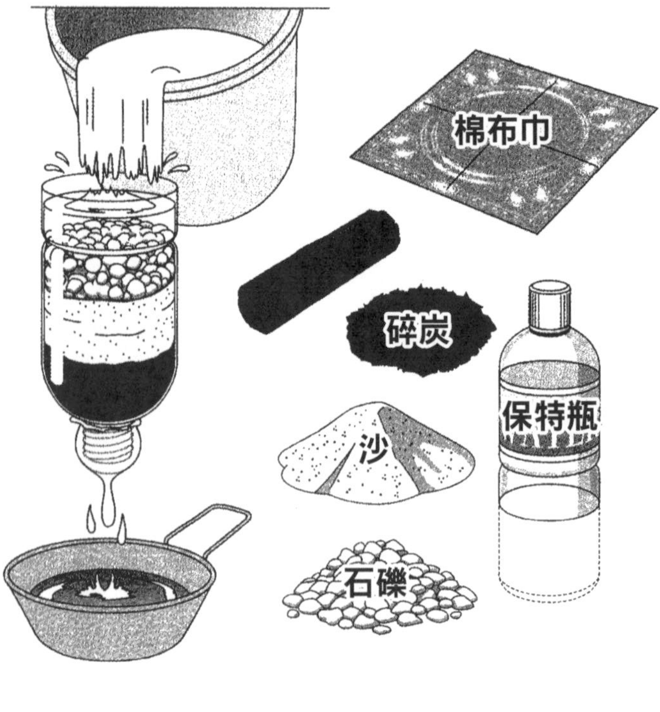
棉布巾
碎炭
保特瓶
沙
石礫

製作方法是在保特瓶裡依序放入碎炭、沙子，作為過濾層。可以的話，建議在沙子上面多鋪一道石礫層。石礫層能濾掉較大的雜質，以免堵塞，其重量還能壓緊沙層和碎炭層，增加密度並提升過濾能力。若是沒有石礫層，注水力道過強時，沙子和碎炭就會浮起，導致過濾層出現許多空隙，這點請多加留意。

沙層會去除細微雜質，碎炭層則會除去沒有清理乾淨的水色、氣味和味道。沙和炭會暫時變得渾濁，但最後流出的會是透明的水。

水的出口處要用棉布巾封住，以免碎炭跟著流出。使用保特瓶的話，可以用錐子在瓶蓋上鑽個小洞。此外，過濾出的水切記要煮沸。

如果無法製作過濾器，單純用布過濾後，水質也會大不相同。除了可以濾掉髒汙和渾濁以外，雖然無法徹底清除細菌，但起碼可以減少細菌的數量。使用棉布巾這類網眼較細的布料即可。

關於過濾器的問題，很多人都會問我：「海水能濾成淡水嗎？」基本上是不行的，但可以減少海水的鹽分濃度。

不知道有沒有人知道這條新聞，二〇一八年九月，一名十八歲的印尼少年搭著漁筏在海上漂流時獲救。據說他是用T恤過濾海水，就這樣撐過了四十九天。雖然不清楚詳細情況，但傳聞他利用了高低差濾水法。

具體而言，就是在比裝海水的容器低的位置放接水容器，把捲成細長繩狀的T恤碎布一端浸在海水裡，另一端垂在接水容器上方。原理是當滲透進布料的海水沿著布繩流到接水容器時，水就會過濾，鹽分濃度也會減少。這種水喝起來當然也很鹹，但可勉強將鹽度降低到人體能處理的濃度，否則人根本不可能存活四十九天。

另外還有**利用陽光的淨水方法**。

首先在透明保特瓶裡裝水，放在太陽下充分曬足六個小時，透過紫外線淨化水質。這時在瓶底鋪上可反射光線的墊子或鋁箔紙，效果會更好。

不過，這個方法只能用來過濾透明的水。如果水質渾濁或有雜質，陽光就無法穿透水。市面上也有運用這個原理製作的淨水器，內部安裝的是日曬機會使用的燈，據說連病毒都能去除。

雖說保特瓶若長時間曝曬在陽光下，瓶身的樹脂可能會溶入水裡，不過這並不會立即危害到健康。況且比起不喝水、縮短生命時限，也只能選擇喝下去了。

還有一種方法是**蒸餾法**。嚴格上來說不算淨水，而是一種集水方法。原理是在含水的地面或收集來的植物上面覆蓋塑膠墊或倒扣保特瓶，收集蒸發的水滴，或是設法攔住煮水時冒出的蒸氣等，並集中到同一處。

這個創新的理論是求生指南裡必定會收錄的方法，因為不僅能在沒有水源的乾燥地區取得水，還能在沒有淡水的無人島上藉此將海水淡化。再加上藉由蒸餾這道程序，就可以取得純度相當高的水。

話雖如此，這麼做需要消耗龐大精力，得到的水量卻非常少，很難當作取得飲用水的主力方法。各位只要實際操作以後就會明白，假設要從植物上取得蒸餾水，就得先收集大量植物，花上好幾個小時，卻只能蒸餾出小啜一口的水量。即使花上一整天的時間，也無法得到人類生存所需的一天二公升的水量。

而且，製作大型裝置需要挖出大坑洞，還必須計算要花多少時間蒸餾，得到的水量才足以彌補在做裝置時所流的汗。生火煮水時，也需要評估收集大量柴薪所花費的勞力。

不過只要做好蒸餾裝置，就可以長期使用。或是一次製作大量裝置，得到的水量也會跟著翻倍。即使取得的水微乎其微，也可以用舔的方式攝取少量水分，然後靜靜待在陰涼處，也許還能多活幾小時或半天。

有句名言是「只要能夠多活一分一秒，存活率就會提高。」就算是寥寥幾滴水，

也要珍惜地使用。

最後介紹一項效率意外極佳的集水方法，就是用手帕收集落在草葉上的朝露、夜露，再擰進容器裡。相信不少人有過在早晨穿越樹叢（登山時撥開竹子或矮樹茂密的葉叢往前進）後，衣服變得濕答答的經驗。從朝露收集到的水量就是這麼多，很令人吃驚吧！

現代人無法判斷飲用水和非飲用水

其實前面介紹的技巧，在有清澈冰涼、可立即飲用的溪水流過的山上幾乎用不到。這樣大家應該可以明白，要在都市地區確保飲用水有多麼困難了吧？

既然取水這麼麻煩，想必會有人認為「看起來可以喝的水直接喝就好」，但除非是未開封的礦泉水這種保證安全的情況，否則千萬不要這樣做。

我們現代人已經失去了根據外觀、味道和氣味來分辨飲用水的能力了。

因為看起來能喝的水卻有害，或是可疑、難喝又臭的水卻真的可以喝，這些情況都可能發生。

所以容我不厭其煩地再次強調，**除非是百分之百確定安全的水，否則一定要用淨水器過濾，或是煮沸消毒。**

此外，避難包裡最好也要放儲水容器。專為露營或災害設計的折疊式水桶非常方便，請一定要準備好。緊急時刻也可以使用喝空的保特瓶，或是花點巧思改造身邊的物品。如果需要大量儲水，可將塑膠袋打開、套進購物托特包裡，就能作為現成的儲水桶了。

塑膠袋還能做成前面提到的臨時坐墊（84頁），和報紙一樣是十分萬用的物品，務必放進避難包裡。

火的二種功用

確保水之後，就要取得火了。

火具有「照明」和「熱度」這二種性質。我們每個月要繳交的電費和瓦斯費，在日本就稱為「光熱費」，可以清楚看出火的特性。

都市型災害發生後，政府通常會呼籲民眾避免用火。在餘震的風險和各種可燃物散落的狀況下，使用火燭非常危險，所以在這些場合應當極力避免用火。

而且，只要明白火帶來光和熱的原理，就能做到不生火也能取得光和熱。此時要仔細觀察自己身處的狀況，分辨出哪些東西可以運用。

遇到無論如何都只能生火的時候，就鼓起勇氣用火吧！但別忘了，一定要確定安全、充分認知潛在風險後再用火。具體做法可以參考後面的災害應變求生計畫訂立方法。不僅限於災害，只要發生風險，都很可能引來第二次危機，因此在特殊狀況下執行任何事情，都務必要小心。

首先，我們來談談作為光源的照明吧！

常到戶外露營的人應該都很清楚照明的重要性，但一般人平常習慣了有電燈的生活，對光的感覺可能已經麻痺了。因此，請大家回想以前晚上突然停電的經歷吧。此時我們應該都會先去尋找光源吧？緊急避難用的指示燈側面會上螢光膠帶或塗料，就是這個緣故。

照明用的燈最好要準備二種。分別是可以照亮大範圍的散光型燈具，以及可以照亮小範圍的手電筒。後者可以頭燈替代，相當方便。之所以要準備二種，第一是可以依目的分別使用，第二則是根據求生法則必須準備好備品。如果沒有準備二種，也可以使用照亮小範圍的燈，藉由穿透裝水保特瓶，製造出散光。

電池也是重要的備品，普通的備用電池即可。另外，同時準備一般的乾電池式和充電式燈具也比較保險。

東日本大震災發生後，很多人都買不到電池。考量到這點，不少人都會選擇只需要一顆三號電池的災害用燈具。一般而言，安裝的電池數量愈少，燈光就愈弱，不過近年的LED燈性能都很強，若只是要照亮身邊的範圍，使用僅一顆三號電池的燈具，亮度便已足夠了。不過，如果是要用來打信號（向救援方通知自己的位置），還是選擇高亮度的燈比較好。

雖然要湊齊的東西很多，但無論如何都要確實準備好包含備品在內的必需品。

黑暗會令人頓時手足無措，但只要過一段時間，眼睛就會適應昏暗的環境。這時，你的視線會比剛變暗時看得還要更清楚。等到視線清晰後，再前去拿取需要的物品即可。

關於火作為熱源的功能，首先最重要的是前面提過的煮沸生水。如果能做到這件事，就會令人安心許多。

這時，家裡常備的**桌上型卡式爐就能發揮功效了。**只要有桌上型卡式爐，便可輕鬆烹調食物。架上大鍋子，還能將大量的水煮沸消毒。

請大家千萬記住這個法則：求生的理想狀態就是維持日常生活。因此過程愈接近日常，就代表愈成功。

即使電力和瓦斯同時斷掉，也能趁冰箱的食品腐敗以前，用卡式爐烹調食用，如果還能用平常蓋的棉被溫暖地睡覺，就算是完美的求生生活了。這麼一來，就能在體力和精神都十分充足的狀態下等待救援。

桌上型卡式爐可作為家中儲備品，但要裝進避難包的話，就要選擇輕巧的戶外用行動爐具。別忘了還要放入預備的燃料，固體燃料比較適合放入避難包內。

不過，燃料畢竟會有用完的時候，所以還要準備生火工具作為備品。

生火必備的點火工具・火種・燃料

生火對於沒有做過的人來說非常困難。並不是在枯枝裡點火，火就會持續燃燒。**生火需要三種材料，使用點火工具點火，以火種將火苗變成穩定的火焰，並用燃料讓火焰持續燃燒。**

點火工具是指火柴和打火機，另外最好也準備可稱作金屬製打火石的金屬火柴當作備品。

點火工具生出的火要立刻移到火種上，而火種可以用會立刻燒起來的報紙或枯葉。若使用火柴點火，考量到難以一直拿著火柴棒直到燒盡，再加上火苗在無風的理想狀態下恐怕也撐不到十秒，因此火種最好選擇在接觸火苗的六至八秒後就能點燃的材質。

當火苗燒到火種上以後，再從火種移到柴薪這類不易點燃、但只要一點燃就會持續燃燒的材質上，這樣做好火堆才算是完成生火。

點火工具和火種可以先放入避難包裡，占空間的燃料則是現場再籌備。火堆用的燃料通常體積大又笨重，不過只要有報紙的話，就能兼作火種和燃料。報紙會立刻燒起來，很適合當火種，將之捲成長條堅硬的棒狀，還能延長燃燒時間。

不過，火堆做起來相當困難。一般的野外生活活動，只是為了與環境為伍、享受大自然，才可以花時間慢慢收集柴火、帶著萬全的期待生火；但是在遭遇都市型災害的緊急時期，就很難肯定能成功生火。

況且，不使用任何工具生火，比做出火堆更困難。

很多求生術都會介紹生火的方法，我也曾在媒體上介紹利用樹枝進行的弓式鑽木取火法、用裝水塑膠袋當作透鏡的方法等等，最近還介紹了用包口香糖的銀紙和電池製造短路電流的方法，但這些方法的技巧難度都非常高，必須平常就多加練習，才能在緊急時刻成功。

我在教學員生火時，大多會讓他們現場收集材料、嘗試生火，但失敗是常有的事，因為只要條件不夠齊全，火就生不起來。

所以，**點火工具和備品一定要放進避難包裡。**這樣在緊急時刻肯定會大大慶幸自己有工具了。

用沙拉油點燈的方法

這裡要來介紹可以當作光源和熱源的臨時燈火做法。

東日本大震災後出現掃貨潮時，我家附近的超市完全見不到桌上型卡式爐的瓦斯罐、電池、戶外用品的燃料等這類商品。

不過，沙拉油倒是剩了很多。

其實沙拉油也能當作燃料，希望大家能記住這點。

製作臨時燈火需要準備下列三種物品：

・容器

・能當作燈芯的材料

・任一種油類

具體做法是將油倒進容器裡，放入燈芯吸油，然後在露出的燈芯處點火。另外還需要用芯扣，讓燈芯露出油的表面，最常用的就是鋁箔紙。

或許有人會覺得用沙拉油做油燈很危險，但只要油體本身溫度不高，即使翻倒也不容易延燒。況且，冷油其實也經常用來滅火。

不過，要是火焰太靠近油面，油溫就會不斷升高，甚至可能因此著火，發生像是油鍋火災一樣的意外。

只要妥善運用這個方法，也可以用鋁箔紙等反射物加強光量，當作照明使用。若能增加火焰的數量，甚至還可當作煮飯用的熱源。

我個人偏好的方法，是打開鮪魚罐頭（僅限含油脂的罐頭），將布料剪成適當大小、團成一圈後，插入罐子內壁和魚肉的間隙，浸泡油脂，接著點燃立起的布緣。順利的話，這盞臨時燈火就會像瓦斯爐一樣燃起圓形的火焰，方便烹飪。雖然油燒完以後就會熄火，但是拿掉燒剩的布料以後，罐頭裡的鮪魚就會像是烤過一樣非常美味。

不過，這時千萬要記得仔細檢查當作燈芯用的布上是否附著了有害成分，確定安全以後再吃罐頭。如果不想顧慮那麼多，也可以用衛生紙當作燈芯。

食物帶給心靈養分

最後就是食物了。

讀到這邊，大家應該都已經明白，避難包預設的求生時限說穿了只有七十二小時，就算不放食物也沒有關係。

不過，對於一日要吃三餐的現代人來說，光是一整天不進食就很辛苦了。而且已經習慣這種生活型態的我們，一旦在災後的壓力下斷食，可能會弄壞身體。實際上也有不少災民出現頭痛、腹痛、倦怠等症狀。除此之外，在寒冷的天氣進食也有助於暖和身體。

總而言之，食物的優先順序低，卻是生存必備的要素。即便是短期間的求生生活，有得吃總是比較好，而且沒有什麼比美味的食物更能令人打起精神了。單純考慮身體狀況的話，就算沒有食物也能求生，但食物可以賦予心靈活下去的動力，扮演相當重要的角色，還具有維持體溫的效果。

災後如果可以留在家裡的話，必須先消耗冰箱裡不耐放的食品。只要還有電力和瓦斯、有水喝的話，不進食也能活上三週，但可以吃的時候就要吃。

英國特種部隊ＳＡＳ的隊員在依照自身經歷所寫的小說裡，寫到他在即將成為敵方俘虜時，就立刻將身上所有食物通通吃光，這段描述令我十分印象深刻。

求生食品的基本原則，是高熱量、輕巧、耐保存。乾糧、罐頭、冷凍乾燥食品都屬於此類。

罐頭的保存期限相當長，空罐還能當作容器或做成油燈，用途十分廣泛。除了要在家中儲備罐頭以外，最好也放進緊急避難包裡，不過揹起來會有點負擔。

儘管防災食品有一套原則，但不必太拘泥於理論。我在實際行動時，就遇過好幾個吃低卡食品才覺得舒服的人，況且就算稍微增加行囊重量，吃自己喜歡的東西也會比較有活力吧。

順便一提，我個人的避難包準備原則，是在災害壓力很大的時候，就要吃自己愛吃的東西來打起精神。我的災害對策學校裡就有一位講師，認為緊急時期才更需要攝取健康的食物，於是將青汁粉、非加工食品裝進緊急避難包裡。

各位大可根據自己重視什麼、吃什麼才有活力，放入個人偏好的食品。**不必堅持一定要準備防災食品。**愛吃垃圾食物的人，就放垃圾食物也沒問題。

當然，這類食品很容易腐壞。因此，敝校有位講師就想到一個方法：將緊急避難包放在醒目的地方（這一點非常重要，必須收在可以馬上拿出來的地方），將裡面放的食品有效期限用標籤貼在外包裝上，等到食品快過期時再換上新的。畢竟放的是自己喜歡、常吃的食物，定期吃應該也不會厭煩。

食物，就是心靈的營養品。

二種求生觀念

到目前為止提到的，都是需要在維生管線斷絕的狀況下存活的求生方法。一般大眾對求生的想像，大抵都是漂流到無人島、在森林裡生活之類的吧。媒體介紹的求生術通常也都是這種類型。

另一方面，幾乎所有的求生狀況都有個明確的目標，就是「獲救」。在災害下求生也是同理。目的並不是在避難處過日子，而是獲得救援後回歸災害以前的生活。求生是要在身處的環境裡活下去，同時也要擺脫當下環境、回歸原本生活。這二種求生觀念一定要隨時牢記在心。

如果想要擺脫當下、回歸原本生活，等待救援的人要有足夠的努力，還需要有求援的技術，也就是懂得發送信號、對外通知自己的位置。

能夠終結求生生活的信號

所謂的發送信號，是指遇難者讓別人知道自己的存在和位置。

前面根據「生命五大要素」列舉了保命必備的物品。其實除了這五大要素之外，儲備品和避難包中還要準備信號工具。

只要有效果夠好的信號工具，就能及早獲救，提高脫離求生狀況的機率。

實際上，**有許多人即使拚命向救援方發送暗號，卻還是沒被發現，因而失去性命。**據說這些沒有獲救而死亡的人，很多都懷恨留下這樣的紙條：

「〇月×日，東方有直升機經過，卻沒有發現我。」

命在旦夕時，自己發現的直升機沒有找到這裡，這股恨意和沮喪的心情肯定非常強烈。

為了避免發生這種憾事，一定要將信號工具放進避難包裡。

聽覺信號的必備品：哨子

既然信號工具這麼重要，那就一定要準備備品。

其中格外重要的，是做好能夠發送聽覺信號和視覺信號的準備。

在救援方和自己之間有遮蔽物、非開放式的狀況下，只要哨子這類訴諸聽覺信號的聲音傳得出去，救援方就能接收到。即使對方看不見，也可以透過聲音察覺到等待救援者的位置。

不過，大多數情況下，使用聽覺信號需要一段時間才能詳細傳達出自己的確切位置。例如：我們請別人打電話，找自己不知道放在哪裡的手機時，也需要花時間才能找到聲音的來源。

與之相對的，視覺信號可以在瞬間幫自己定位並傳達給對方。

但是，除非雙方之間沒有視野阻礙，否則透過燈光或鏡子發出視覺信號，救援方根本就看不見。而且絕大多數的時候，對方若是沒有看向信號的來源，就會直接忽略離去。

最基本的聽覺信號工具就是哨子。

不過，傳統運動會上使用的有哨珠的哨子，並不適合用來發送信號。尤其是軟木材質的哨珠，受潮後聲音就會變小。

市面上販售很多種信號專用的哨子，有些設計成可隱藏在後背包扣帶上，各位有興趣的話可以找看看。

另外，收音機雖然不是求生專用工具，但也有其便利性。儘管收音機的音量比不上哨子，不過只要打開廣播，就會自動持續傳送訊號。即使當下自己失去意識，也可能因此被發現。不僅如此，人對於人聲相當敏感，使用廣播求救的效果非常好，還能用來收集資訊，相當實用。

其他方法還有敲打鍋子。我在課堂上示範的緊急避難包裡，就放了在生活百貨商店買到的車窗逃生用小槌子，可以敲出巨大的聲響。

此外，經過實驗後發現，金屬槌子敲打金屬材質的物體，能發出比哨子更響亮的聲音。特別是敲擊物的金屬部分面積愈大，共鳴就愈大，連待在門窗緊閉的屋子裡，也能把聲音傳到屋外。

救援方在搜救中會聚精會神地聆聽人造聲音。而金屬音正是出於人為製造，又容易吸引救援方注意力的聲音。

如果當下沒有金屬物體的話，就拿出在前面「水」的章節裡提到的鍋子吧！只要敲打鍋子，就能發出震耳的聲響。

當然，車窗逃生用的槌子也能當作困在屋裡時逃脫的工具。

視覺信號的必備品：鏡子

視覺信號最好使用信號反光鏡。

這種鏡子可以將陽光反射到救援方或直升機，讓對方知道自己的位置。沒有任何光線比陽光更強烈，只要天氣晴朗的話，就能藉此發送出最強烈的信號。

小鏡子雖然也能當作替代品，但很難精準地將光線反射給救援方，所以後面我要來介紹用手指瞄準反射目標的方法。

假設要傳送信號的目標是直升機。首先伸直非慣用手，將立起的食指對準直升機。這時必須注意，絕大多數人都會直接以慣用眼去瞄準，但請先試著分別閉上左右眼，找出睜開時無法瞄準手指的那隻眼睛、在正式瞄準時閉上。

接著，將小鏡子擺在睜開的眼睛旁邊，讓反射光可以精確照到立起的食指指甲。確定這個位置以後，就以指甲為中心，上下左右小幅度晃動反射光。

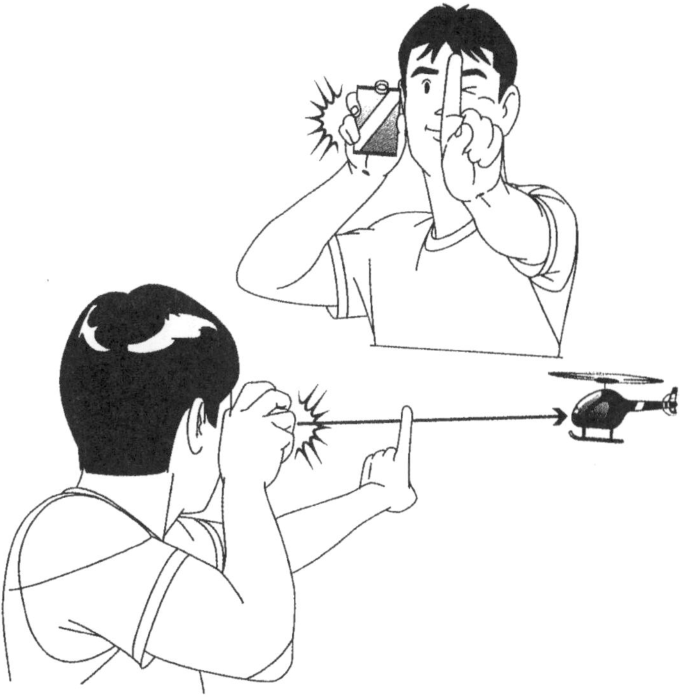

從字面上看起來很簡單，但實行起來卻很困難。懂得用槍的人應該都懂，自己身體的慣性會導致瞄具失準。就算瞄具對準了，慣用眼的位置離鏡子太遠也沒用（讓鏡子上下左右晃動，就是為了涵蓋誤差範圍）。總之必須經常練習，以提高命中率。

不過，萬一還沒機會練習就得「上場」時，這個方法還是比胡亂發出反射光更有可能傳達給對方。如果能夠買到附專用瞄具的信號鏡，前面的問題通通都能解決，所以最好還是準備附瞄具的專用工具。

接下來是明亮的光源。

各位家裡或許都有備用燈泡，但傳送信號時建議使用LED燈，作為陰天和夜晚使用的備品，白天也可用於昏暗的場所。

此外，燈泡能利用移動、閃爍的方式引起對方的注意。**想讓燈泡閃爍，不用開開關關，以手掌不時遮住光源再放開，才能保障電池的功能、不會造成開關的負擔。**

效果出乎意料的螢光棒

還有，一定要準備螢光棒。就是在偶像明星的演場會上用的那種螢光棒。

其實，螢光棒是非常有效的信號工具，不需要電池，而且發出的光會朝四面八方擴散，從任何方向都很容易發現。有些螢光棒可以長時間發亮，即使遇難者失去意識，也能持續發送信號。當然，專家都知道螢光棒有多好用，日本自衛隊稱之為「化學棒」，世界各國的軍隊也都會使用。

用螢光棒發送信號時，可以綁上繩子甩動。只要把光甩成圓形，幾公分長的螢光棒也能做出巨大的信號，容易吸引遠方的注意。

市面上有求生專用的螢光棒，不過一般娛樂用的也沒問題。重點在於要準備好A方法無效時，可以替補的B、C方法。

另外，避難包裡要放入可以留紙條的工具。例如：封箱膠帶或防水布膠帶，再加上油性麥克筆。

當你必須離開原本的避難處時，就在膠帶上寫「○月×日前往△」之類的訊息，貼在醒目的位置，當作提供給救援方的線索，也能用來和失散的家人聯繫。

最後，在發送信號時也要意識到「S．T．O．P」法則，發出符合現狀的信號。仔細觀察狀況，判斷什麼信號最醒目。

重點是要確保信號的對比度。

舉例而言，使用聽覺信號時，要發出現場環境裡沒有的聲音，聽起來才夠明顯；使用視覺信號時，雖然一般情況下白布很醒目，但在積雪地帶卻發揮不了作用。

不過，在災害中難以保持冷靜的狀況下，很容易使人做出在積雪地帶揮舞白旗的舉動。所以我要再強調一次：冷靜觀察狀況，才能推斷出現場適用的行動。

圖4 儲備品、緊急避難包必備品

發送信號
□聽覺信號工具（哨子、小槌子等）
□視覺信號工具（鏡子、螢光棒、燈具等）
□燈具（散光式和集光式二種）
□封箱膠帶或防水布膠帶、油性筆
維持體溫
□溫暖的襯衣、內衣、雨衣
□報紙
□防水帆布
□繩索
□緊急求生毯
水
□飲用水（每人每日二公升）
□攜帶型淨水器
□折疊式儲水桶
□煮水用鍋具
火
□戶外用行動爐具
□火柴或打火機
□金屬火柴
食物
□防災食品（有效期限長、自己喜歡的食物）
其他
□防煙頭罩

儲備家裡的現成物品

前面已經大致解說了應當儲備的物品，以及需放入緊急避難包的必備品。最重要的是別想得太難，記住「成功的求生就是延續日常生活」這條法則，**就會發現家裡有許多現成儲備品，只要多準備備案即可。除此之外，要盡量選擇兼具多種用途的單一物品。**

前面提到敲打鍋子就能傳送聲音信號。由此可知，不必拘泥於工具原本的用途，要養成靈活思考的習慣。如果鍋蓋光可鑑人，就能用來反射陽光；緊急求生毯也能用於反射光線。這些物品的反射面大，可能比小鏡子更能發出有效的信號。

不僅如此，有著大面積的緊急求生毯也能用於接雨水。

總而言之，要用更抽象的角度看待事物，例如：鍋子＝圓形、會反光、堅硬、能裝水等等，只要跳脫物品既定的概念，就能發現意想不到的用途。而災害發生當下，周遭環境裡某個意想不到的物品，或許就能救你一命。

這麼說來，如果整理一下家裡既有的物品，說不定就可以湊齊需要的儲備品和避難包內容物了。

優先準備好延續生命必備的物品以後，要再加上「令自己安心、舒適」的東西，像是常備藥、洗臉用品、如廁相關物品等等。

看到這裡，可能有人會想「你沒有提到包紮傷口用的急救包欸」，這當然應該放進避難包裡，但在求生時受傷足以致命，所以最好要以「絕對不能受傷」的心態行動。仔細觀察自己的動向、專注於當下，隨時都要想像自己目前的行動會造成什麼樣的結果，這才是預防受傷最原始又有效的方法。

希望大家能記住，求生的法則是維護，而不是獲得。

我們必須極力避開受傷的風險。求生是要在非日常的環境下盡量過得接近日常，並不是要冒險。

收納於通勤包裡的常用避難袋

我在為學員講解緊急避難包的知識時，都會有人提問：「平常身上至少要帶哪些東西，才能在通勤途中遇到災害時有所準備？」

這時，只要根據生命五大要素，每個要素準備一種用品，搭配平常在通勤包裡裝的物品就可以了。

即使不像緊急避難包那麼可靠，但這依然是個能夠拯救自己的「常用避難袋」。

我的常用避難袋裡會裝下列物品，僅供參考。

①帳篷（維持體溫）

・極輕量帳篷布＆繩索

・睡袋型緊急求生毯

②水

・淨水器（平常常用的物品）

③火（光和熱）

・火柴、打火機

・小型固體燃料式火爐

・充電式防災燈（也能當手機的備用電池）

④信號工具

・反光信號鏡

・哨子

・燈具（和前項的「火」併用）

這些全部都能收在十五公分×二十公分×五公分的小收納袋裡，便於放進通勤包中。淨水器就是我平常使用的水壺，所以沒有收進這個小收納袋裡。此外，最好隨身攜帶堅果類作為緊急食品。

各位配合自己平常的生活型態，調整常用避難袋的體積大小即可。

第 4 章

解除都市型災害的風險

學會求生的基礎知識後，就可以開始訂立最適合自己的專屬求生計畫了。

這裡所說的求生計畫，主要是盡量降低災害時的受害程度，以及災害發生時活下去的具體對策。

後面我們要一起探討的方法並不僅限於災害，也適用於犯罪和其他所有風險。

具體上分為二種：

①預先將災害時的風險降到最低的計畫

②災害發生時盡量降低受害程度的恢復計畫

而本章要介紹的，就是將風險降到最低的計畫。

不過在這之前，我想先彙整出各位必須知道的注意事項。

發生地震時不能躲在桌子下？

訂定計畫時，會接觸、處理大量的資訊。
開始之前，我希望大家將這些事謹記在心。

- 不要否定任何資訊
- 不要盲目接受所有資訊
- 真相只存在於當事人的感覺裡

我在學習美國原住民的智慧時，就接觸到這個教訓，並多次體會到這個教訓有多麼真實。這段話乍看會令人摸不著頭緒，所以我就舉個平易近人的例子吧。

當我對A拉麵店讚不絕口，強力推薦朋友去吃，但朋友吃了一樣的餐點後，卻覺得不合胃口。於是，以下二個截然相反的評價便開始在坊間流傳……

・A拉麵店很好吃！
・A拉麵店很難吃！

究竟哪一方才是事實呢？你必須親自去吃過才會知道。換言之，你會覺得好吃還是難吃，真相只存在於你的味蕾裡。

各種場面都會發生這個現象。因此求生領域裡，也會出現這類截然相反的論調。

好比說有人經常提倡「地震來就躲到桌子下」，很多人在國小的避難訓練中也都是受這種教育。但近年來，卻出現了**「發生地震時千萬不能躲在桌子下」**的說法。

有個理論稱為「黃金三角」，主張在建築物倒塌時，床架等屋內結構旁的柱子或

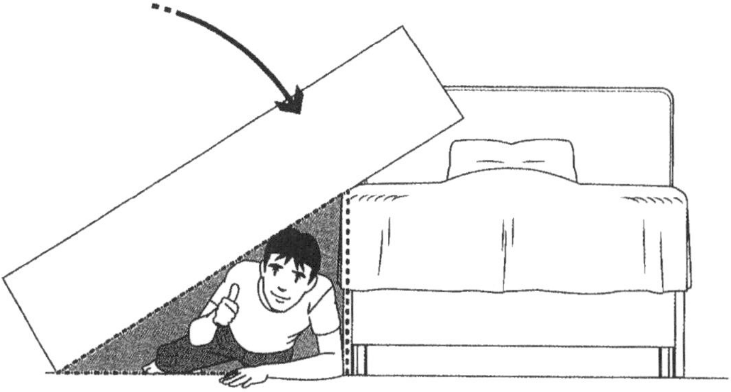

牆壁倒下時，形成的小三角型空間才是最安全的地方。

這個論點奠基於建築物倒塌時不是縱向垂直下壓，而是四角形會先橫向歪成平行四邊形，最後才全部倒成平坦狀態。

桌子正上方的抗壓性很強，但是對於橫向推倒的抗壓性較弱，因此人躲在桌子下並不安全。

這個論點是在二〇一七年墨西哥中部發生地震以後開始流傳，為當時的搜救相關人員提倡的觀念。因為他們沒有在桌子下發現任何倖存者，卻發現很多困在黃金三角裡的人活了下來。

那麼，地震時究竟該躲到桌子下，還是要趴伏在黃金三角裡呢？

這一題我絕對答不出來，因為求生的基本立場就是「兩者皆是」。

假如我現在撰寫書稿時待的咖啡廳開始天搖地動的話，我就會離開窗邊、躲在看得見窗口的桌子下。

這裡的桌子有很粗的鐵製桌腳，用螺絲釘固定在地板上，而且還有厚度約十五公分的素色桌板，不僅固定在桌腳上，也固定在牆邊。我猜這張桌子相當堅固，且四周並沒有能形成黃金三角的地方。以上資訊都是我在現場親眼目睹、觸摸所得，置身於這個場所的我所感覺到的真相，就是躲在桌子下。

答案不能只有一個

不過，我的結論並不是要否定「不能躲在桌子下，黃金三角才安全」的資訊。

遇到截然相反的A資訊和B資訊時，我們不能想成「非A即B」，而是要接受「AB皆正確」的選擇。瞭解二者的資訊，才能拓展選擇計畫時的觀點，在災後現場也才能更有自信地選出正確的方法。

處理資訊時，即便遇到截然相反的二個資訊，也不要感到困惑。不需要只選擇相信其中一方，最好保持一定程度上的中立觀點。

另外還要注意一點，各位或許會想找人確認自己選擇的答案是否正確，但這也是同樣的道理，沒有人會知道正確答案。如果要說誰會知道，其實就只有身在現場的你了。

但是，請各位不要因此感到不安。

畢竟各種求生資訊都有過去證實有效的數據佐證，只要事先訂立好符合自身狀況、環境的策略性求生計畫，就有助於在災害發生時採取準確的應變方式。不要埋怨沒人告訴你計畫正不正確，而是要積極相信只有自己才能訂立出最理想的計畫。

本書的功能，就是幫助你訂定出最理想的計畫。

善加運用求生法則

開始訂立計畫以前，還有幾項注意事項。

首先，各位可以再看一次當作複習。

簡單而言，如同第一章的解說，**求生計畫是由可預測的風險及其對策所組成。**

因此訂立地震應變求生計畫時，我們必須針對地震帶來的二次災害，像是建築倒塌、海嘯、停電、無法回家、受困、火災等等……所有的風險來訂立計畫。

所謂的危機管理，就是要將風險一網打盡。沒有涵蓋到的風險，當下發生時就會感到在意料之外，也不會有應對方法。

各位或許會覺得難以網羅所有風險，不過請放心，只要建立應對某一風險的計畫，就能將其技巧與法則應用於其他風險上，沒有想像中那麼費事。

不僅如此，在訂立計畫的過程中，也會跟著培養出應用能力。只要養成應用能力，或許就能應對預料之外的風險。

而要養成應用能力，就要牢記求生法則。本書之所以在介紹技巧和知識以外，還不斷強調求生法則，就是因為理解法則後即可輕鬆應用。

舉例來說，請大家看第三章解說的儲備方法和緊急避難包的準備方法。我會同時介紹儲備品和避難包，是因為這二者都是依循求生法則（生命五大要素）、收集生存必備物品的工作。在家中儲備好物資和把防災品塞進背包裡，二者的細節不同，但法則是相同的。

所以，懂得儲備的人就能輕鬆打包好避難包，反之亦然。況且，只要精通求生法則，即使身在沒有儲備品也沒有避難包的地方、雙手空空，也能知道當下必須確保什麼物資。

像是推薦的淨水器機型、用鏡子發信號的好處和壞處……光是吸收這些詳盡的知識，並不能培養應用能力。

既然稱作「法則」，就代表這是通用的。我們在學校上課時，也是從基本法則開始學，最後才進入應用階段，求生也是一樣。

當然，技巧和知識並非毫無價值，對於依循法則的人來說價值連城。而且只要有法則的意識，在接觸大量技巧和知識時，甚至還會衍生出新的法則。

總而言之，各位都要記得別用否定的眼光看待任何資訊。

最大限度活用資訊

世界各地流傳著各種災害應變的方法與資訊，最為著名的就是「地震來了躲到桌子下」，其他還有怎麼上廁所？該如何確保飲用水？交通網絡癱瘓後該怎麼辦？手機沒有訊號怎麼辦？……等等。

要是沒頭沒腦地吸收這些資訊，就會發現必須熟背的事多到數不清。

即使熟記起這些資訊，也會因為沒有建立架構，而無法學以致用。

將「資訊」比喻成「肉」的話，就是不管集起再多的肉，也只能堆在原地不動，根本無法發揮其功能。不過，只要事先建構好骨架，就能將份量剛好的肉分配到需要的部位上。

將骨架和肌肉妥善組合在一起，它們就會互相作用、靈活地動作，發揮出功能。

而釐清自己想要哪些資訊、哪些是自己不懂的，就是在建構骨架。

建立好骨架以後，再去尋求自己需要的資訊就好。在這種狀態下收集到的資訊，就不會埋沒在成堆的肉片裡，也不會腐敗，能夠一直生氣勃勃地活動著。

請各位接下來在閱讀的同時，一起訂立自己的求生計畫。

閱讀過程中，想必會歷經好幾次收集資訊的程序，因此在這之前一定要先進行建構骨架的工作。

草稿也無妨，先試著訂立求生計畫

在訂立計畫以前，還有最後一件注意事項，那就是限制訂一份計畫所需的時間。就算內容鬆散也沒關係，總之先建立一個整體概念，這也是建構骨架的工作之一。總之，先將一份計畫的訂立時間設定為半小時吧！

之所以要限制時間，是因為即便建構好骨架，收集資訊的工作會比想像中有趣許多，可能會搜尋到沒完沒了。尤其是很多人在建好骨架後，會認為收集到的資訊都很實用，導致專注力都放在收集工作上。

聽到要限時完成計畫，想必不少人會擔心計畫有漏洞。不過，重點是要將一份計畫訂立完成、呈現出整體概念，不必擔心這些枝微末節。畢竟地震造成的二次災害非常多，要是花太多時間在單一計畫上，反而容易感到厭倦。

當然，第一次訂立計畫時，半個小時根本不夠用。不過一旦掌握到步驟跟訣竅以後，半小時就很足夠了。

還有，要記得在訂立計畫的過程中不要退縮。雖然「危機管理計畫」聽起來很像是專家才做得來的工作（實際上也有從事這個工作的專家），但就像前面提到的，**只有你才訂得出最適合自己的計畫，比起專業的艱深計畫，貼近自身又簡單的計畫才更容易發揮功效**，千萬不能忘記這一點。

花半小時訂立的草稿計畫有了生動的骨架後，接著就是在今後的日常生活中逐漸添上內容。只要發現需要改良的地方，就立刻修改、更新。要記住，求生計畫永遠不會完成，不是非得要補全才行。一旦訂立了計畫，觀點就會改變，也會逐漸看清某些重點。

我認識一位中東國家特種部隊的軍人，印象最深刻的是他說過的一句話：「現在的持槍標準姿勢是後托要抵在胸前，但明天可能就會變成要抵在肩膀了。」

就算是再這麼頂尖的危機管理現場，應變對策也不是固定的。正確來說，是從未固定過。知識和技術會日新月異，所以計畫永遠不會完成。

訂立求生計畫的步驟如下，後面會再補充說明每一項工程的意義和作用。

①整理行動範圍

②預測風險

③決定應對的優先順序

④為風險細分出徵兆

⑤管理徵兆

⑥建立風險恢復計畫

那麼，我們就繼續看下去吧！

訂立求生計畫❶

整理行動範圍

終於要訂立計畫了！

現在開始，我們要一起建構針對某個風險的求生計畫。前面提到危機管理需要一網打盡，所以要先決定從哪個地方開始下網。

都市型災害的風險和對策多不勝數，像是地震發生時應該逃到門外、躲在桌子下，還是要是鑽進黃金三角（132頁）裡……

就算思考這些也無濟於事。首先，篩選出你可能會面臨的風險吧！

必須預想到的風險會因你置身的場所而不同。就算是相同的風險，性質也可能不一樣。就像是住在山上的人不必擔心海嘯來襲，卻可能有土石流的風險。愈能精準鎖定焦點，求生計畫的功效才會愈大。單純思考「大地震時該怎麼辦」，就會淪為一般的論調。應該假設「現在這裡」發生大地震時該怎麼辦，才能清楚察覺具體的應對行動、瞬間動起來。

總而言之，首先要做的就是鎖定焦點、推測出行動範圍。**可以在紙上寫出自己平常待在哪些地方。**

別緊張，你不必為自己會去的所有地方都訂立不同的計畫。前面已經說過，熟知法則就能培養應用能力。只要訂立單一場所的計畫，就能應用在其他場所，效率反而更好。

請各位準備紙和筆，參考146頁的圖，回顧自己的生活、條列式寫下你平常會待的地方。不必想太多，最好憑感覺寫出來，大概花二至三分鐘寫完就好。

大多數人會長時間待在家裡、職場或學校，其他最常去的地方應該是超市、健身房、餐飲店，以及附近的車站、捷運或公車之類的，充其量只會寫出六至七個左右。總之，大致寫出來即可。

圖5　條列式寫出常待的地方

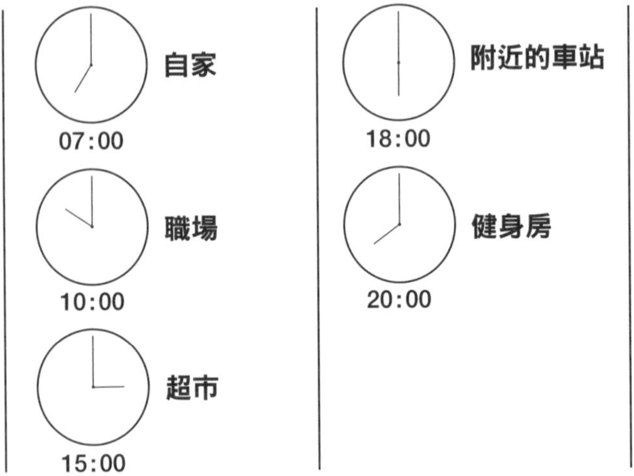

大家都寫好了嗎？寫好以後，請看當中時間最長的地方，應該會是你家或是職場。而你需要先訂立計畫的舞台就是這裡。

先預想自己待在這個地方時遭遇災害的狀況，接著開始訂定計畫。

當然，你偶爾也會去別的地方，這麼做可能會讓你擔心要是沒有列舉出來，計畫就不夠完善。

其實，我在接觸軍隊和保全相關的工作時，經常需要「割捨」風險。雖然我前面才說過「必須針對所有風險訂立計畫」，這樣豈不是自相矛盾，但我們還是不能忽略這個觀點。

軍隊和維安人員在出任務前也一定會先確定焦點，但他們有物理上的時間限制。緊急狀況發生時，可能會突然接到明天執行的指令。在這種狀況下根本不可能網羅所有可能性，所以必須排除可能性較低的要素。

雖然這儼然是一場賭博，但並不代表發生預料之外的狀況時就只能放棄思考，**還是可以根據優先要素、因應風險的計畫來加以應用。**

我請各位在這裡只列舉出自己較常出入的場所，也是一種割捨。

不過，各位並沒有時間上的限制（當然，明天也可能發生大地震）。

總而言之，忽略偶爾會去的地方，就像是只會去一次的旅遊景點一樣，不論訂立多少計畫，最後都要靠自身的應用能力來應變。

我們回到訂立計畫的過程吧！接下來要解說在家裡遇到大地震時的情況。

訂立求生計畫❷ 預測風險

現在我們要來列舉在家裡遇到大地震時，會發生什麼風險。

地震的恐怖並不在於搖晃本身，而是搖晃後造成的倒塌、海嘯、掉落物、其他現象，這些通通稱作風險。

大規模地震帶來的風險非常多，我們趕緊來調查有哪些吧！

但是，別劈頭就上網搜尋，要先建構好骨架。各位可以先暫時拋開自家這個概念，羅列出「一般而言」地震有哪些風險，另外要記得設定時間，花三分鐘思考並條列式寫下。

寫好了嗎？如果你迫不及待想知道自己網羅得有多周全，就代表你已經成功建好骨架了。這證明你已經開始訂立一份生動的計畫。

那麼，我們再看一次日本中央防災會議的資料，各位還記得在第一章的哪裡嗎？

如果對完答案後，發現有自己沒能想像到的風險，就補進剛才寫好的清單裡吧！

接下來，我們再把焦點放回自家。找出你在家裡度過最長時間的地方，並依照剛才的清單想像一下發生地震時，會有怎樣的風險。

這時，請各位離開想像中的地點（例如：客廳），目的是為了讓大家體驗後面要介紹的想像方法──「設想」。

所謂的設想（envisioning），簡單來說就是想像，但又跟一般所說的想像（imagine）不同。

請大家想像一顆蘋果。

此時你的腦海裡應該會浮現一個圓形紅色蘋果的圖像。

我們將這種在腦海中出現的平面想像，定義為「成像」。

那麼設想呢？

真實的蘋果或許的確又紅又圓，但其還具備光滑的表面、甜美的香氣和酸甜的滋味等許多資訊。儘管如此，各位想像出的蘋果卻沒有附帶這些資訊，這可能是因為我們平常身處的現代社會中，有很大的程度只仰賴視覺資訊，手機、網路、電視的共同點也都是訴諸視覺。我們先不論這件事的好壞。

有趣的是，與文明隔絕的獨立社會居民遇到相同課題時，除了視覺以外，還會想像出觸覺、味覺、嗅覺的相關資訊。

而且想像的場所並不只侷限在腦海裡，而是在眼前所見的空間中。

這就是設想。

歸納後我們可以知道，設想是指運用多種感官、不只仰賴視覺來驅動想像力，可以說是一種「感官想像力」。除了我上過的原始生存技術課程以外，在一些特種部隊裡也會進行培養感官想像力的訓練。

鍛鍊想像力

那麼，請大家再想像一次蘋果。

但這次要動員所有視覺以外的資訊，不要在腦海裡，而是在眼前設想一顆彷彿可以抓到的蘋果。

……順利想像出來了嗎？

剛開始或許會覺得很難，畢竟平常就要懂得在生活中運用所有感官，才能夠設想出來。而且不能只是看著「蘋果」，還要鉅細靡遺地接收其味道、觸感、香氣這一切資訊才行。

本書接下來會提到的「想像」，全都是指設想。設想的前提就是要具備敏銳的五感，而為了培養豐富的設想能力，我們需要每天都讓感官更加敏銳。

我們再回到計畫的過程，運用設想能力來建構骨架吧！

假設你在客廳遇到劇烈地震，會發生什麼樣的風險呢？

如果你無法想像地震，連客廳的情景都無法設想的話，這就是你第一個要改善的地方。因為這代表你根本沒有好好掌握自家的情景。

這麼一來，你也會無法想像出在客廳遇到大地震時會有的風險。倘若無法掌握狀況，就不可能推測出其中隱藏的風險。

我再強調一次，**如果推測不出風險，就無法找到預防和應對的方法。**所以這一點必須立即改善。

反之，有的人或許可以具體想像出猛烈震動的玻璃窗、地震的地鳴、連站都站不穩的搖晃情景等等。深入掌握狀況、提高設想能力，就能宛如擁有預知能力般預測出風險。

無法想像的人，可以用「地震來時會怎麼樣」的觀點，專心用感官來觀察客廳，接著離開現場、再重新想像一次。想像的內容應該會頓時變得豐富許多。

因為你不是籠統地觀察，而是有了「萬一發生地震要怎麼辦」的視角，對風險產生了危機意識。在家中觀察出的要點逐一浮現，伴隨而來的感覺也會變得更敏銳。換言之，訂立計畫的同時也能磨練設想能力。

人愈是置身於危險之中，感覺就會愈敏銳。當家中出現可疑聲響時，任誰都會馬上專注於感官上，這就是因為知道有風險的關係。

現代社會的生活中減少了風險，這雖然算是好事，感官卻可能因此變得遲鈍。感受不夠豐富，設想能力也會衰退。

現代人之所以會在危險的運動和遊樂設施上尋求驚險和刺激，說不定就是因為察覺生活風險減少、感官變得遲鈍的緣故。

接下來，我們再重新想像一下風險吧！

你手邊的清單應該寫了「停電導致一片漆黑」、「站不穩而跌坐下來」、「櫥櫃倒下」、「廚房失火」等這些風險（寫出的內容差不多像這樣簡單就好）。接著，我們走到客廳對答案吧。你所設想的風險是否有所遺漏呢？

透過想像力想出的風險可能還不夠清楚，或是仍有遺漏。這時就要再次觀察客廳，對照在前面的過程中調查出的地震風險清單，確定有無遺漏。

我要在此再三強調，在這個階段沒有找出的風險恐怕足以致命，所以要小心謹慎地添加內容。**從建構骨架到增添內容，這個過程會不停鍛鍊你的危機管理能力和應用能力。**

這些想像都是求生計畫的骨架，一定要重視。而且只有你對自己的住家瞭若指掌，只要能夠做到這種程度的想像，不論專家怎麼說，這些風險都確實存在。

這時，你列舉出的風險數量大約有十個。看起來好像很多，實際上呢？

前面已經說明過，要記得設定時間限制，才能建構出整體的概念，如此便能培養出實際遭遇風險時的決斷力。

掌握步驟以後，自行訂立計畫到這一步，應該也只花費了十分鐘左右。

至此就可以告一段落了。

之後不妨試著專注在感官上，運用前面介紹過的廣角觀點，在一天的生活中注意一下你對自己出沒的區域有多熟悉吧！

簡化基準線

這一節，我們要來談有助於所有危機管理的「簡化基準線」。

所謂的基準線，就是指平常的樣子。例如：房間平常的狀態，就稱作「房間的基準線」。

考慮到危機管理，基準線愈單純愈好。

終極境界就是不放任何東西，等於無懈可擊。因為愈單純就愈容易掌握狀況，遇到地震等災害時才不容易發生問題。

當然，房間裡不可能空空如也，所以整理就變得非常重要。

整理就是依自己的意志來操控物品，房間的擺設都隱含了自己的意志。只要整理妥當、簡化房間的擺設，便能輕易掌握狀況，更容易推測出風險。

本書的其中一位技術協助成員精通整理方面的危機管理。他還設定了書本在書架上的擺放規則，如果有人不經意隨手拿起書，他不僅能判斷出拿書的人是誰，甚至還知道對方拿了什麼書。

像這樣簡化基準線，對於發現風險是非常重要的工作。

訂立求生計畫❸ 決定應對的優先順序

風險清單羅列齊全之後，就要開始排出優先順序。一旦排出優先順序，通常就能看出該從哪個風險開始訂立計畫、以哪個風險的對策優先，以及決定從哪裡開始網羅資訊。

這裡需要用到的是159頁的「風險矩陣圖」。

風險矩陣圖是以代表「受害程度」的縱軸，以及代表「發生可能性」的橫軸所構成的四象限圖表，在危機管理領域中廣為人知。

首先，在這張圖表的中心畫出十字，將圖分成四個區域（象限）。

然後，根據受害程度和發生可能性，將前面列出的風險配置在圖表中。

配置時間大約是三分鐘，最好憑直覺進行。

在圖表上配置好風險以後，先將發生可能性較低、萬一發生的話受害程度也很輕微的風險（第一象限）放在最後，盡量不要割捨。

發生可能性偏高、但發生後受害程度很小的風險（第三象限），排在較低的順序。例如：放在窗邊的鬧鐘掉落的機率非常高，但幾乎不會造成任何損傷。

同理，受害程度嚴重，但暫且不會發生的風險（第二象限），優先順序也較低。例如：整棟高樓倒塌會造成慘重傷亡，但發生可能性非常低，所以順序可以往後推。

而受害程度過於嚴重、無法自力救濟的風險，則可以直接割捨。

在這個階段，如果有不清楚該如何歸類的風險，或是需要在風險矩陣圖上移動位置的風險，就代表這些風險並沒有充分釐清。像是「電力故障」的風險，若是漏電失火就很嚴重，但單純停電的受害程度就很小，會讓人不知該如何歸類才好。

這種時候，就要將風險描述得更具體、能毫不遲疑地配置在風險矩陣圖上。如此一來，就必須充分釐清風險矩陣圖上所有的風險。

圖6　風險矩陣圖

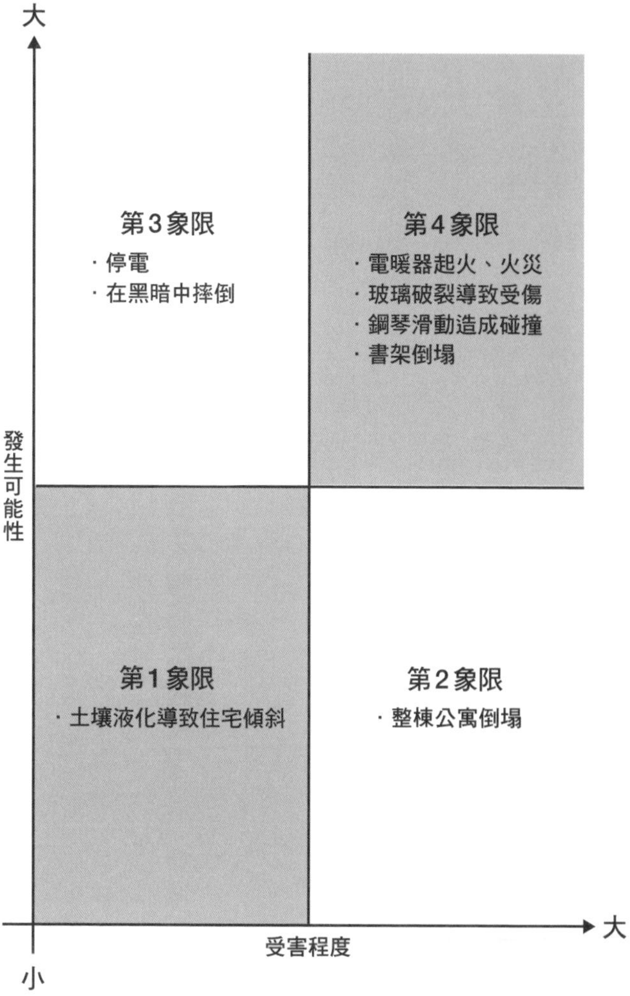
大
第3象限
・停電
・在黑暗中摔倒
第4象限
・電暖器起火、火災
・玻璃破裂導致受傷
・鋼琴滑動造成碰撞
・書架倒塌
發生可能性
第1象限
・土壤液化導致住宅傾斜
第2象限
・整棟公寓倒塌
大
受害程度
小

同樣地，中暑的風險在夏季很高，但在冬季很低。這種風險會在風險矩陣圖上移動的狀況，也代表在配置風險時沒有抓到焦點。此時，風險矩陣圖就必須分別製作夏季版本和冬季版本。

換言之，藉由風險的配置，可以篩選出調查不夠充足的案件。就這一點來說，這項工作非常重要。

需要最先因應的，是配置在第四象限的風險。在這個位置的風險代表發生可能性很高，而且受害程度很大。

除非是可以建立特殊對策的住宅，否則第四象限通常會列舉出火災。火災造成的損害當然很大，即使有受害程度的差異，發生的風險都一樣高。實際上不管是哪一場大地震，火災都造成了嚴重的損失。

因此，後面我們就以地震火災為主軸來訂立對策吧！

訂立求生計畫❹　為風險細分出徵兆

稍微離題一下，**如果是和家人一起訂立災害應變計畫，最重要的就是建立對風險的共識。**

倘若你認為會造成嚴重損害的風險，在家人眼中卻是「沒什麼大不了」的話，那就要當心了。這代表在緊急時刻下，你們採取的行動速度和內容可能會有出入。這個落差有時候會致命。

- 預想中的風險
- 風險發生的可能性
- 受害程度

圖7　將風險細分成徵兆

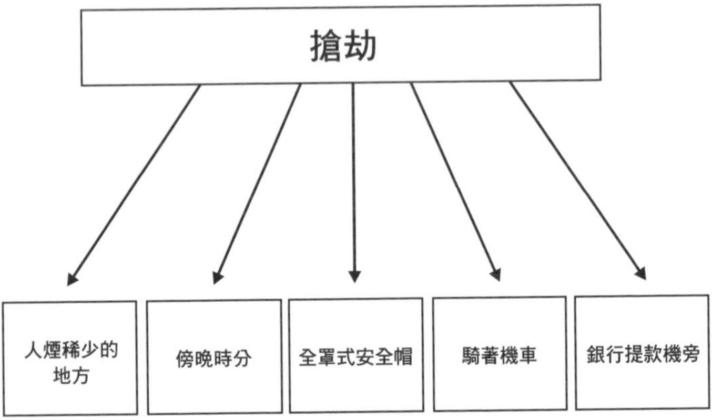

全家人對上述三點的認知最好能夠統一。這也是軍隊或其他團隊行動時必須執行的程序。團隊行動統一，速度和應變效率才會提高。過去發生的重大事故當中，不少都是起因於每個人對風險認知的落差。

到了這裡，我們已經篩選出風險並釐清哪些應當優先建立對策，接著就可以來訂立求生計畫了吧！

……其實還早呢。這裡列出的風險太過抽象，還不足以訂立具體的計畫。

不只是都市求生，所有風險都必須具

體釐清到能夠憑感覺掌握的程度，才能夠建立對策。只要將風險細分得更具體，就會顯現出「徵兆」、讓我們看清預防方法和對策。

看到這裡，或許有人還是感到一頭霧水，我就舉個例子吧！

首先，我們可以將「小心搶劫」這個告示細分成能用五感掌握的程度，也就是釐清具體上該注意哪些事。因為「搶劫」只是一個抽象概念而已。

當然我明白這是因為告示牌的空間有限，並不是要批評這類警告文字過於簡潔抽象。這種告示牌算是後面提到的「釐清風險」的初期應對階段，可以發揮很大的效果，但如果要從更具實踐性的角度防備搶劫行為的話，這樣確實不夠完善。

那我們就來詳細區分「搶劫」這個行為吧。經過調查後，有個案例是「某天人煙稀少的傍晚，戴著全罩式安全帽的男性騎士騎著機車到銀行提款機旁，接近提款後走出銀行的老婦人，從她身後搶走手上的包包」。這裡就能看出徵兆，並分辨出注意事項，像是「人煙稀少的地方」、「傍晚時分」、「全罩式安全帽」、「騎著機車」、

「銀行提款機旁」等等，都是可以看見、聽見的要素。

這些就是搶劫行為中會發生的徵兆。

而這些徵兆可以透過最基本的五W一H※歸類並整理清楚。只要能細分到這種程度，就可建立足以迴避、警惕各個風險的對策。

※意指Who（何人）、When（何時）、Where（何地）、What（何事）、Why（為何）、How（如何）。

抽象的風險需要以這種方式，具體表達成可以用感官掌握的徵兆。如果要我們留意一個抽象的概念，就需要先花時間思考；但是遇到可以直接看見、聽見的徵兆，我們就能憑感覺瞬間行動。**有了這項細分的工程，才能簡化對策。**

徵兆累積起來就會引發風險

有時候只出現一個徵兆，很難稱得上有多大的風險。以剛才舉的搶劫為例，如果只是出現機車，雖然有必要認知到機車來了，但也不需要太過小心。因為那輛機車會進行飛車搶劫的可能性很低。

不過，當徵兆累積得愈多，風險就愈容易發生。只是騎著機車倒還無妨，但若機車騎士戴著全罩式安全帽、周圍是人煙稀少的住宅區，而妳是剛從銀行提領大筆現金裝在包包裡的高齡婦女的話，最好就要提高警戒。

護衛重要人物的特種部隊人士不僅會關注風險，還會對風險的徵兆建立完好共識。舉個例子，有項任務是「保護重要人士，避免其遭到飛車搶劫」，保鑣需要透過無線電隨時通報、與全員共享「後方有機車」、「護衛對象正行經A地點」這些鉅細靡遺的資訊。如此一來，才能瞬間掌握當下的風險高不高。

有些時候也會根據徵兆的數量決定撤退的時機，像是「出現三個以上的徵兆就快走」，有助於確定撤退底線。

從案例中找出徵兆

那麼，我們就來細分地震火災，推測出其中的徵兆吧！

這個階段也要精確地規定時間，先以十分鐘為一個段落，調查過去的案例。這項作業就稱作案例研究。

按慣例要先建立骨架。

應該很多人都不曾探究過地震火災是什麼？為什麼大地震會引發嚴重的火災？

因此請各位花二分鐘的時間，先想像一下大地震引發火災的關聯與機制。想像出來以後，就要開始添加內容。各位應該都會直接上網搜尋，但因為這是第一次嘗試，就稍微多花點時間找資料吧。

要注意千萬不能只停留在「概念」階段。

查詢火災的相關資料後，會發現**很多案例的主因都是電線或爐子走火**，其中的問題在於從停電到復電時，各種原因引發的「通電火災」。這邊就先不詳細說明了。其實只要案例多，案例研究的內容就會很豐富。瀏覽這些資訊時，你應該就能預見自己家中的地震火災徵兆了。

很多專家都會進行這項細分作業。我是在美國一間教授原住民生活智慧和原始技術的求生訓練學校——追蹤師學校（Tracker School）學習打獵技巧時，第一次接觸到這個方法。

他們會在決定獵物後才出發打獵。假設決定的獵物是野豬，若光說「打野豬」就會太抽象，無法預測野豬如何出現。因此他們不會專注於野豬本身，而是會努力推測並找出與野豬有關的徵兆，像是在夜幕低垂之際、遍布泥沼的地方、濕潤的土壤氣味等等。

重要的是運用設想能力，將這些徵兆充分灌輸進腦海裡，這正是一種篩選工作。例如：有這種氣味、這種聲音、這種腳印，就是野豬會出沒的徵兆。就算沒有切身體會過，只要能夠設想出這些感覺，等到了現場你的感官就會敏銳地捕捉到這些徵兆。徵兆出現得多，野豬就有很高的機率現身，你就能泰然自若地應變。

不只是美國原住民，我們遠古時代的祖先也懂得在無意識中推測出徵兆。將風險細分成徵兆，就是將這種能力應用於製作都市型災害應變計畫的方法。

這一點也不困難，畢竟我們人類從很久以前就是這樣生存的。

認識風險的結構

參考案例來尋找徵兆時，可以把重點放在風險結構上。

如果是地震火災，可能起因於地震中爐子翻倒而起火。由此可見，有翻倒疑慮的爐子就是徵兆。通電火災的徵兆則稍微複雜，如果是復電時外露的電線產生火花、引起火災，那麼外露的電線就是徵兆。

像這樣尋找徵兆以後，即便不是打野豬，我們也會逐漸養成對徵兆的敏銳度。例如：鼻子變得靈敏，開始聞得出可疑的來源。

而且不僅是對氣味敏感，這種敏銳度也能作用於其他風險上（例如：櫥櫃倒下、物品掉落）。如此一來，在訂立風險計畫時就會輕鬆許多。

不過，我們很難找出所有徵兆，所以要懂得適可而止，發現時限到就結束。要是開始對於訂立求生計畫感到抗拒，就本末倒置了，所以要在還意猶未盡時結束，以便維持進入下一步的動力。

此外，**如果不確定徵兆有哪些，就相信自己的直覺吧！答案就在你的心中，別人找出的徵兆未必就是你的。**反之，你也可能會因為別人不經意的一句話而發現徵兆。因此訂立計畫時，務必保持不否定、也不盲信的立場。

找出徵兆後，就將之謄寫於紙上，像是「暖爐旁的書架」等，盡可能簡潔描述。能夠整理成簡短文句，就代表已經細分成功了。

描述美軍拆彈部隊的電影《危機倒數》當中，有一幕是團隊在處理危險炸彈時，一名正在戒備周圍狀況的同伙突然大喊：「十點鐘方向有手機！」於是全體人員立刻做出反應。

一句話就讓全員產生反應，是因為他們都充分理解手機可能會是引爆裝置，也對此建立了共識。倘若他們不知道這個徵兆的話，就必須當場解釋手機的危險性，受害程度可能就會擴大。

面臨生死關頭之際，講求的就是簡潔的溝通方式。而想要進行簡潔的溝通，就需要先瞭解風險的徵兆。

訂立求生計畫❺ 管理徵兆

細分風險後，就能推測出徵兆。雖然我花了很長的篇幅講解到這裡，但只要熟記步驟的話，實際花費的時間也就半小時左右。

終於，我們要進入最後的「管理徵兆」階段了。

這個階段需要完成二步驟，其一是除去徵兆、解除風險；其二是針對無法解除的風險，使其徵兆更加明確、清楚。

是否知道哪裡有風險，會產生很大的差異。因此必須突顯徵兆，才能在風險發生時馬上掌握狀況，如此就能做好初步的應變。

這裡來分別舉例說明。

例如：在爐子旁邊曬衣服的行為，其實就是在火源旁邊放可燃物，這正是火災的徵兆。而只要移開爐子或衣服，就等於排除了徵兆，因那台爐子引發火災的可能性就會小很多。當然，爐子依然是典型的起火點，平常仍需多加注意。

還有家中常見的滾輪式書架和櫥櫃等，都隱含壓死人的徵兆，可用伸縮棒固定來排除徵兆。諸如此類的風險非常多。

不過，有些徵兆很難清除。

像是應當盡量避免、卻不得不在爐子旁邊曬衣服的狀況。這時一定要把物品放在看得見的位置，突顯出徵兆。

雖然這樣無法避免火災，卻能讓火災發生時近在眼前，可以做好初步應變。在沒有人的房間裡開爐火、旁邊還曬衣服，就是最糟糕的狀況。這時至少要在屋內裝煙霧探測器，以便即時發現火災，這也算是突顯徵兆的方法。

如果實在戒不掉會形成徵兆的習慣，起碼要讓徵兆明確顯現出來。

最理想的情況是完美排除所有徵兆，但做得太極端會讓生活變得索然無味，也會降低訂立求生計畫的動力。不管發生大災難的可能性多高，為了防災而每天過著無趣的生活，人生又有什麼意義呢？因此不要太鑽牛角尖，在能力可及的範圍內盡力就好。有些徵兆無法排除也難以突顯，但是只要你確定有這個徵兆存在，就等於做到了最低限度的管理工作，不必過於操心。

管理徵兆的目的是預防風險和建立初步的對策，不需勉強去區分某個徵兆該排除還是該顯現，將其視為以策略性角度推論如何預防風險、初步應變的方法即可。

訂立求生計畫❻

建立風險恢復計畫

如本章所介紹的訂立災害應變計畫，目的在於「明白未知的恐懼」。面對未知的恐懼時，我們往往只能戰戰兢兢地生活；但是明白恐懼的根源以後，儘管未必能夠戰勝它，也能設法對抗。

那麼，我們再次重新設想、分析並管理客廳裡的徵兆吧！

結果怎麼樣呢？

有些可以馬上完成，有些仍需要花點時間，甚至還需要添購用具，對嗎？不過這可以之後再添購，但最好不要時間隔得太久。

若有無法應變的徵兆，就確實讓其顯現出來。只要突顯徵兆的存在、將之牢記在心，有朝一日或許就會想到好辦法。

雖然制定好了預防方案、初步對策，但風險還是不幸發生時，該怎麼辦呢？

別慌張。

即使發生了最糟糕的局面，還是有恢復的可能性。

我們只要針對「風險發生後」的情況，同樣事先訂立恢復計畫就好。

第5章

戰勝都市型災害的恢復計畫

專家在任何狀況下，都能預想出最糟糕的局面並採取行動，從不失去希望。

飛行員為了在飛機發生問題時也能因應，會事先接受各種訓練。飛機本體的設計也會將風險降到最低，徹底排除第四章談過的風險徵兆。

但是，飛機依然可能遭遇無法預測的問題。這時駕駛也不會輕言放棄，會嘗試降落在最近的機場。如果燃料不足以撐到機場，就會盡量在安全的地方緊急迫降。這世上沒有會自暴自棄的飛行員。

一旦發生大致料想得到的嚴重局勢，專家其實早已準備好恢復計畫。

當我們遇上災害時也是一樣。即使災害突然來襲，只要參照第四章的做法，將風險降到最低，就能有效抑制二次災害發生。但風險並不會歸零，甚至可能就此融入我們的現實生活。

這時，我們就要立即實行恢復計畫，努力將損害減到最低。

訂立恢復計畫的技巧和要點，就和第四章介紹過的求生計畫一樣，所以各位應該可以進行得很順利。

接下來我要說明訂立恢復計畫的步驟，希望大家能靈活運用前面學到的知識，積極地讀下去。

恢復計畫要有備案

恢復計畫不能只有一份，要盡可能準備二份以上。

萬一只準備一份，屆時該計畫若是失效，就束手無策了，所以一定要有備案。

總而言之，必須準備好用來率先執行的A計畫，以及當A計畫無效時用來遞補的B計畫。

A計畫可以是標準的方法。

圖8　恢復計畫要有備案

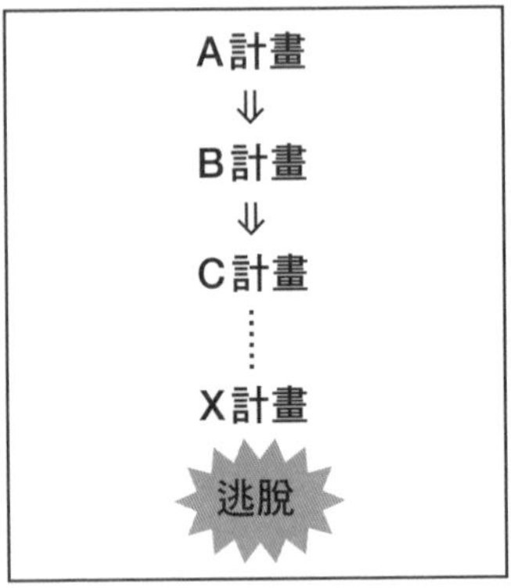

而B計畫是在A計畫無效時才會啟用，所以性質上必須和A計畫有所區別才行。

此外，如果要讓計畫更單純，也可以準備C計畫、D計畫等備案。這時要記得，計畫太複雜可能會壞事。

一旦攸關性命，就要準備備案，這已經算是常識了。現代的飛機駕駛系統也一樣，一定會有備案。

飛機上會安裝多個驅動機翼的液壓系統，即使其中一個液壓系統失靈，駕駛依然可以操控飛機。就算液壓系統全部失靈，機體通常會透過小型的「衝壓空氣渦輪」來發電，以取得最低限度的電力。

我們也要像這樣訂立恢復計畫，而且不要只準備一份。

務必準備最後絕招「X計畫」

訂立恢復計畫的時候，千萬不能忘記**準備最後的絕招「X計畫」，並確定其執行的條件。**

X計畫是用來因應可以料想得到的最糟局面，大部分的情況都是採取疏散躲避、放棄恢復原狀，至少保住自己的性命（依風險也可能無法選擇X計畫）。

飛行員在戰鬥機發生問題時，會嘗試所有方法來控制機體，若盡了全力仍無法恢復的話，最後才會使用降落傘緊急逃生。這就是X計畫的典型例子。

就心理層面而言，很難執行X計畫。

不知道各位是否聽說過，在登山時最重要的是「回頭的勇氣」。這句話的意思是當山頂近在眼前，會讓人想要不顧一切勉強往上爬，但在感受到危險時，鼓起勇氣折返下山才能救自己一命。

這句話隱含了撤退的心理難度，因為我們會產生無論如何都不想放棄的念頭。所以，最好要確定「非撤退不可的狀況」，以此作為最後的底線，並和身邊的人達成共識。

面臨最糟的情況時，往往分秒必爭，因此發動X計畫的基準要夠明確，讓所有人都能立即分辨。

接下來，我就繼續以地震火災為例，解說恢復計畫的訂立方法。

詳細地設想

擬訂恢復計畫有下列二個重點，這也是訂立時的步驟。

①詳細地設想恢復行動

②推測出行動裡的潛在風險、加以排除

接下來，我們就繼續用第四章的客廳為題材來舉例吧！

「想像」A計畫

按慣例要先建立骨架。

我們來「想像」一下，前面無法排除的徵兆真的讓風險成為現實、客廳發生火災時會怎麼樣吧。這裡所說的想像，仍是指設想。

先不要急著查詢滅火的方法，單純只靠想像力來嘗試滅火。

這時，你應該會選擇使用滅火器當作A計畫。接著按照前面的指示，詳細設想恢復行動。

起火時，四周會處於什麼情況？是昏暗還是明亮？會發出什麼聲音、瀰漫什麼氣味？火勢的大小和範圍多少？滅火器放在哪裡？該怎麼去取得滅火器？要握好滅火器的哪個位置、朝火的哪個方向並以多遠的距離噴多久才能滅火？

不論程序多繁瑣都不能跳過，仔細設想到成功滅火為止。

這項作業可以讓你順利地進入下一個步驟。

從A計畫換成B計畫、X計畫的流程

下一步，是推測、理解在詳細設想時伴隨而來的潛在風險。

這裡所說的風險，分為A計畫失敗後的風險，以及容易隨著恢復計畫降臨在自己身上的所有風險。

舉例來說，光靠滅火器可能無法滅火，而原本滅掉的火也可能復燃。只要看得出這些風險，就能做到管理徵兆，並想像出接下來的B計畫。B計畫是用來預防A計畫失敗的備案，所以性質必須和A計畫不同。

而且，還要推論出後續的X計畫，作為B計畫不成功或風險發生在自己身上時的因應辦法。

需要注意的是，X計畫也必須按照同樣的設想步驟來訂立，不能因為內容只有「撤退」就疏忽大意。

避難或撤退也必定潛藏著失敗的風險，所以同樣要詳細地設想周全。

想像後增添細節

不論是哪一個計畫，都要先透過設想建立骨架，再加入細節。

根據想像的內容，上網搜尋「初步滅火 失敗」、「初步滅火 避難」等關鍵字，增添計畫的細節後，恢復計畫就完成了。

實際調查後，我發現用滅火器做初步的應變時會有下列風險，各位可以當作添加計畫細節的參考。

・因為停電或煙霧瀰漫，導致找不到滅火器
・東西倒下，導致無法拿到滅火器
・滅火器的位置太靠近起火點，無法取得
・滅火器的軟管因反作用力而抖動，還沒瞄準火源就噴完了
・一回神才發現被困在火場和牆壁之間，無法逃生……等等

另外，我還查到與X計畫的發動時機和要點有關的資訊。

・火焰高到天花板時將難以滅火，必須逃生
・逃生時要關上起火的房間門窗，阻斷空氣

從建立骨架到添加細節的工作，就和訂立預防計畫一樣，都需要細心且多次檢

視。暫且完成恢復計畫後，若是平常發現需要改善的要點，就要不斷更新。
訂立恢復計畫時，同樣不可能一開始就做到面面俱到，所以關鍵是要先完成整體概念。

訂立簡單計畫以免慌亂

實際遇到災害時，我們通常會驚慌失措、無法冷靜地選擇應變方法。
現在的網路上充斥著各種影片，其中也包含災害的實況影片。雖然看這種影片不是什麼好興趣，但是從研究實際案例的角度來說，這些都是珍貴的資料。
這類影片下面通常會出現「要是能○○就好了」、「為什麼不能○○呢」之類的留言，也很值得參考。
不過實際遭遇危機時，絕大多數人都會陷入恐慌、什麼也做不了。

大家還記得本書的開頭談到在美國保護重要人士的保鑣嗎？

他們也會建立遇襲時的恢復計畫，但內容極為簡單，只有「跑向槍聲的來源」而已。這代表就連身經百戰的菁英在聽到槍聲時，腦袋也是一片空白，只能做到這種程度的單純行動。

因此，**我們要認清事實：一般人在火災和災害發生時根本無法冷靜行動。**

為了在慌亂的狀況下也能設法執行恢復計畫，就要像剛才提到的美國保鑣一樣，盡量簡化計畫、讓人能夠不假思索地行動。

從備案的觀點來說，準備A計畫、B計畫、C計畫、D計畫……愈多候補計畫愈好；但是從簡化行動的觀點來說，這樣卻適得其反。

因此起初先用A計畫，不行的話再改用B計畫，還是行不通就用X計畫逃生，大概這樣就行了。

要是記太多學起來有趣、執行起來很困難的計畫，反而會綁手綁腳。

總而言之，發揮想像力、在能力可及的範圍內熟記最簡潔的計畫就好。

釐清X計畫的基準

這一節，我再針對X計畫多補充一點。

恢復計畫最重要的地方，未必是作為最後絕招的X計畫。

生死的關鍵通常在於X計畫是否能即時執行。遺憾的是，很多案例都是在想著「快逃」的那一刻就為時已晚了。在深山裡遇難也是一樣，在自己感覺有異的階段立刻調頭回去，多半能夠確實走回正確的路線，但絕大多數人還是猶疑不決地前進，結果一去不復返。

如前面所說，太晚決定執行X計畫的理由之一是心理因素。

「好不容易走到這裡」、「都努力到這一步」的情感會耽誤自己的決斷。但是，任誰都很難否決這個想法。

為了避免耽誤判斷，只要客觀、明確地決定出執行X計畫的時機就好。

以火災為例，在無法自行完成初步滅火的時候，就要啟動X計畫。若是不確定「無法初步滅火」的界線，肯定會來不及逃生。

幸運的是有很多關於初步滅火的資料，而且都如前文提到的，以「火焰燒到天花板」作為判斷逃生時機的基準。因為滅火器噴出的粉末或液體，是透過自身重量來撲滅火焰，當火燒到天花板時，滅火器的機制就會失效。

面對其他風險也是如此，必須確定發動X計畫的條件，並和周遭的人建立共識。

除此之外，還要留意一點。在執行X計畫以前，精神和體力往往已經耗盡。因此最好事先確定需要保留多少力氣來執行X計畫。

實際上，需要保留不少的精神和體力，所以千萬不能逞強。

尤其是採取團隊行動時，領頭者必須正確掌握成員的體能條件，釐清發動X計畫的時機。這時，一旦有人問你「還好嗎？」千萬不能勉強回答「沒事」，最重要的是正確表達自己的現狀，像是「（假設在移動途中）我還能再走三公里」。

撤退是迫不得已的決定，但為了保命也無可奈何。

大家應該都聽過在災害時為傷員排列優先順序的「檢傷分類」。依嚴重程度分類傷員，輕症者和回天乏術者都暫且往後排，從可以救助的人開始治療。**為了拯救還有救的人，需要下定決心放棄已經沒救的人。**

求生有時候必須做出如此殘酷的決定。

需要想像力的X計畫

包含火災在內的大多數情況下，X計畫都意味著逃離現場，但並不是指自暴自棄地逃走。因為如果沒有事前的萬分準備，要逃離還是困難重重。

遇到必須執行X計畫的狀況，代表逃脫已經沒有那麼容易了。

就以剛才舉例的地震火災來說，想要逃離火災現場，一旦錯過良機就會變得異常困難。

首先可以預想到的是，煙霧會阻擋視野，呼吸也會變得艱難。

我在求生和災害對策的講座上，曾經請學員練習遮住雙眼前往門外。火災發生時，煙霧會聚集在天花板上，因此身處火場時應將身體壓到離地五十公分左右，才能保有一定的呼吸量。為了重現這個狀況，我也請學員用爬的到門口。

然而，幾乎沒有人能夠成功逃脫。

由此可知，人一旦失去視覺，就連門的位置都會搞不清楚。即使知道門所在的方向，也會在避開桌椅等障礙物之後就失去方向感。

在大家以平常心參加的講座上都是這種表現了，可見在身陷火海的慌亂狀態下要逃生有多麼困難。

如果地面沒有障礙物、地板上還有出口的指引標示的話，或許還可以輕易逃脫；但是，一找到出口就不假思索地開門，恐怕會面臨回燃（氧氣流入造成的爆發式燃燒）而出口堵住的風險。

因此，我們必須事前充分發揮想像力，設想可能會有哪些風險，再將風險細分出具體徵兆（161頁），並一一排除或突顯徵兆。

例如：為了保持逃生路線暢通，盡量避免在地上放置物品；為了避免門被堵住，平常就要在窗邊放鐵撬，以便事發當下破窗而出……等等。

X計畫也需要做好高度的風險對策。

各位應該也察覺了，這個過程和第四章介紹的訂立災害應變求生計畫一樣。

另外不要忘記，必須設定時間限制，才不會讓作業程序拖太久，而且要隨時更新計畫內容。

以上就是訂立求生計畫及恢復計畫的方法。

當然，有很多風險根本不需要依循上述的步驟，例如：地震造成的停電就只會用到恢復計畫。其他風險也未必一定要按照所有步驟來訂立計畫，各位可以自由靈活地運用上述方法。

不過，盡可能地按照前面介紹過的步驟來檢視各個風險，才能建立出疏而不漏的計畫。

化恐懼為動力

上述這些努力不只能在災害發生之際展現威力，也有助於日常生活會發生的事。

請各位思考一下這二種恐懼：「未知的恐懼」和「已知的恐懼」。

我們對於未知的恐懼無能為力，只會感受到壓力而已；但是對於已知的恐懼，我們會確立應對方法，使之成為一項課題。

而課題會轉化成當事人的動力。

我想說的是，藉由訂立應變計畫，學會將未知的恐懼化為可應對的課題，將有助於活化人生。美國原住民的格言「壓力是上天賜予的禮物」，正是基於這個道理。如同肌肉需要承受適度的壓力才能茁壯，適度的壓力也能強健心靈。

換言之，訂立應變計畫也是享受人生的祕訣。

因為恐懼可以化身為動力。

喚醒覺察能力

各位知道「Awareness」這個詞嗎？語意為「意識、覺察」，常用於各種文章脈絡之中，也是我們所說的求生核心概念。

前面反覆強調如何訓練敏銳的五感，以及想像力的重要性等，這些其實都是喚醒覺察能力的一環。因為求生能力的根基，正在於是否能夠察覺自己看不清的事物。

我們現代人的覺察能力已經愈來愈遲鈍了。

以前在森林裡生活的祖先，想必都擁有超乎想像的覺察能力。他們憑著與大自然及四周所有生物的聯繫而活，而這其中也潛藏著必須感知到的危險。祖先所擁有的覺察能力是在生存過程中渾然天成的，不只是視覺，也會動用到聽覺、嗅覺、觸覺，藉此找到食物、發現狼等野獸的蹤跡。

而現代人因為生活變得方便、安全，失去了豐沛的感官和想像力。對現代人來說，覺察能力幾乎無用了。

然而，求生會喚醒我們的感官和想像力。當人面對危機、失去便利與安全性時，就會暫時脫離現代人的身分，被拉回非常注重覺察能力的世界。

即便沒有直面災害，運用本書介紹的方法訂立求生計畫時，也能在過程中激起沉睡的意識，讓覺察能力變得更敏銳。

如此一來，你就會開始看得清、聽得見、聞得到過去不曾發現的事物，日常生活也會隨之豐富起來。

可以說，危機會轉化為生存的動力。

第 6 章

生存的喜悅

到目前為止，已經介紹完求生的基本原則和訂立求生計畫的方法了。各位讀完以後，內心應該會產生一些變化，或許有人已經有信心可以應對都市型災害了。

但是，不知道有沒有人發現，我前面一直刻意避談一項重大議題。那就是倫理問題。

災害與倫理

前面提到，都市型災害特有的風險還包含搶劫、強暴等人禍。對於人禍，也可以用本書介紹過的方法來建立對策加以因應。這代表人禍和地震火災、海嘯沒有分別，都是災害可能引發的風險。

但是人禍的特色，就是講求倫理觀。

各位聽了或許會大吃一驚，**美國的求生學校其實會教授偷竊的方法。**

因為在面臨攸關生死的狀況下，若想獲得食物和水，還有一個方法就是採取偷竊等犯罪行為。

應該很多人會覺得這成何體統，絕對不能原諒這種自私自利、犧牲別人的行為。

但是，這個倫理觀念真的是放諸四海皆準嗎？

野生動物會為了生存而犧牲其他動物。

而遠離文明、過著原始生活的人類也有相似的傾向。

也就是說，我們擁有倫理觀的前提，是建立在方便又安全的現代社會上。

當這個前提瓦解時，倫理觀可能就會瓦解。

災害發生時也不例外。

水和糧食等同錢財

錢財本身只不過是金屬塊或紙片而已，但文明社會裡制定了規範，讓「錢」擁有價值，能用來交換物品。

回到野生的求生狀況後，錢就會變得一點用處都沒有，反倒是水、食物、取暖用的毛毯等足以維持生命的物品更有價值。

換言之，災害發生後，水和食物就取代了金錢。因此就如「財不露白」的道理，**在求生狀況下，讓別人看見自己擁有水和食物是非常危險的事情。**要把這些物資當成錢包、收在看不見的地方，倘若有疑似小偷的人靠近，最好也要布置成無法輕易拿走的狀態。

如果你覺得這樣太誇張，請發揮一下自己的想像力。

看見你有水的人，可能已經好幾天滴水不沾，或是身邊帶著餓到哭不停的幼兒。

當這個人看見水或食物的話，會發生什麼事呢？

因此，在無法期待公助、非常嚴重且長期持續的都市求生時，千萬不能讓別人看見水和食物等維生物資（第三章），也要避免讓人察覺自己還很生龍活虎。

除此之外，還需要建立保護自身不受他人攻擊的計畫。

二種人禍

都市求生時，會遇到二種人禍。

一種是為了取得水和食物等維生必備物資的犯罪行為。

另一種則是性犯罪和無端施暴等等，與生存慾求無關的衝動行為。

發生前者的行為，代表環境危險到缺乏賴以維生的資源。在這種狀況下甚至可能會因為一瓶水而殺得你死我活，所以**在風險矩陣圖（159頁）中，人禍的優先程度非常高。**

前面在製作風險矩陣圖時，應該已經有人列舉出這類人禍了吧？

後者是與生存慾求無關的犯罪，在災害時期認知到社會失序，或是誤以為社會失序時，特別容易發生。

這或許是因為犯罪者的法治觀念薄弱，認為這種時候可以為所欲為，或是在絕望中自暴自棄。

另外也有其他說法指出，許多潛在的犯罪者本能上都具有危險行為的慾求，在承受龐大壓力時，就會變得無法克制這股慾望。

災害會讓所有人都揹負巨大的壓力，犯罪行為自然容易增加，因此各位必須充分提高警覺。

自救優先

在救援領域中,「自救優先」屬於常識,意思是要先救自己、再救別人。

或許會有人覺得救人居然還要分你我,但這並不是要教你自私,而是防止同歸於盡的策略。

救助別人的最低條件,就是救援者要活著。

這個觀點旨在不贊成勉強去救人、導致造成兩敗俱傷的局面。

在求生狀況下,必須隨時意識到自救優先的觀念。

如果自救後還有餘力,再救助別人。

比起將所剩不多的水分給大家喝,不如讓其中一個人喝完全部、儲備體力去尋求救援,全員存活的機率可能還更高。

在和平時期，與人分享物品是一種美德。
但是在求生狀況下，倫理觀勢必會有所改變。

極限狀態下不存在倫理觀

這個話題非常敏感，所以後面我會小心探討。
各位讀者在閱讀這類話題時，可以自行評斷是非。
每個人都可以得出自己的結論，但我要再次強調，大家不能忘記這些價值觀的判斷，都是建立在我們現在所生活的安全環境之上。
自己就快沒命了、重要的家人明天也可能會死，在這種環境下價值觀一定會大幅改變。現在所謂的「善」，或許就再也不是「善」了。
你可以先想像一下自己力不從心的狀態，然後再想像游刃有餘的自己。

當你已經三天滴水未沾、明天可能會有家人死去時，眼前出現了一個拿著水瓶的小孩，要搶走他手上的水簡直易如反掌。

這時你會怎麼判斷？

為了一個陌生小孩而對自己的孩子見死不救？還是……

這個問題沒有答案，就連我都無法確實回答自己會做出什麼選擇。

現在的我無法原諒自己去搶小孩的水，但是成為當事人以後立場可能就會改變。

當然，也可能依然不變。

這不是在探討行為的好壞，而是在大災害發生後，倫理觀在搶奪所有物資的狀況下將會蕩然無存，現在擁有的價值觀可能會失效。

如果想要繼續保有日常生活的倫理觀，就必須保持餘力。

由此可知，擁有求生的能力很重要。

喜悅與感謝

我之所以探討倫理，是想讓大家遙想一下我們祖先過去生活的野生環境。

美國原住民是用同一個詞彙，表達我們所說的「感謝」和「喜悅」，他們並不會區分二者。

對於過著打獵生活的他們來說，得到獵物的喜悅，等同於感謝孕育獵物的大自然。我們會覺得殺死感謝的對象很奇怪，但這只是因為我們活在不必親自殺死獵物的環境下罷了。

我們在飢餓時得到食物，也會覺得高興和感激吧？

跳脫現代人的思考框架，就能察覺我們逐漸淡忘的生存喜悅。

想起生存的喜悅，就能克服任何危機

希望大家不要誤會，我並不是說原始生活才是正確的。我熱愛現代社會，也受惠其中。我每天都會開車，工作上也少不了智慧型手機，還很常看電視。

我在電視上看過一段影像，令我印象深刻。

那是一部紀錄片，描述的是在非洲過著原始生活的桑人。

節目團隊看他們每天都在打獵，於是問道：

「你們每天就是打獵、吃飯、睡覺，會不會覺得這種日子很無聊？」

結果桑人的獵人一臉打從心底覺得不可思議的表情，回答：

「那你覺得要過什麼樣的日子才算滿意？」

節目到這裡就結束了。

我至今還是不太清楚電視公司用這段話當作結尾有何用意。

不過，這個疑問一直留在我的心底。

我們到底要過什麼樣的日子才會滿意呢？

我從事危機管理的工作，同時推廣運用求生術的露營式野地技藝。

經常有人問我這二者有什麼關聯，我認為危機管理和野地技藝只是從不同的角度看待同一件事。

危機管理旨在克服死亡的風險。因為明白風險很大，我們才會訓練自己的意識、更豐富地感受這個世界。挑戰風險的人之所以活力充沛，大概就是這個緣故吧。

就像時間限制可以激發幹勁一樣，課題會帶給我們動力。

反過來說，**正因為有死亡風險，人才能體會到生存的價值，是危險讓我們能夠眼觀四面、耳聽八方。**危機管理也能讓人體會到野生大自然有多麼豐富。

野地技藝則旨在刻意拋棄便利性，體驗接近野生的生活。因此在野地技藝的講座上，我並不會談危機管理的方法或哲學思辯，而是教參加者用枯葉搭帳篷、用樹枝生火的方法而已，他們的表現都活潑到讓我感到欣慰。

我有段時間一直在思索為何他們這麼有活力，可能是因為他們透過學習求生術，無意識感受到了「生存」這件事吧。

而危機管理是透過意識並直面死亡來感受到「生存」。

雖然危機管理和作為休閒的野地技藝，看似截然相反，但結論完全一樣。

在便利的現代社會中，我們常會忘記自己擁有生存的能力。

其實感受這個能力，並運用這個能力活下去，是一件很美好的事。

後記

我在一般社團法人「危機管理領袖教育協會」擔任代表理事，協會裡有一名理事，曾在海外從事過諜報活動。

據他所言，他之所以能夠成功活下來，是因為將危機管理變成自己的生存之道。換句話說，危機管理可以成為一種生存方式。

確實，如果在日常生活中運用本書介紹的危機管理觀點，肯定能夠看清過去忽略的事物、聽見過去充耳不聞的聲音。五感會變得敏銳，開始可以感受到自己身邊原本沒有察覺到的跡象。

換言之，危機管理可以充實人生。

如果本書能夠從這個角度助各位一臂之力，那就是我的榮幸。

各位若是想要更深入瞭解本書的內容，可以參考危機管理領袖教育協會的網站（https://cmle.jp/）。

協會開設了都市求生和野地技藝這二個教室，不是單純教授知識技術，而是專門培育教學人才。

我們協會的理念，就是「不教人如何打獵，而是教人如何教授打獵，如此部落才能永續生存」。

川口拓

川口拓
1971年生於世界地球日（4/22）。
在加拿大和美國學習雪山登山、攀岩、野外教育法、美國原住民自古以來的生活智慧，以及與大地共生的求生技術。
自2001開始舉辦自然學校「WILD AND NATIVE」，企劃與地球共生的自然體驗活動。2013年成立一般社團法人「危機管理領袖教育協會」。多次參與電視、雜誌等媒體企劃與演出。同時身兼CMILE災害對策指導員培訓教練、Bushcraft野地技藝指導員培訓教練、自衛隊危機管理教官、自衛隊野外求生教官等身分。
著有《野營技術教本》、《小老百姓的戰場行動守則》、《キャンプでやってみる子どもサバイバル》（BASEBALL MAGAZINE社）、《極限!サバイバルマニュアル》（洋泉社）；監修《Why?サバイバルの科学》（世界文化社）。

都市型災害應變求生計畫
天災後才是危險的開始!?

出　　版／楓樹林出版事業有限公司
地　　址／新北市板橋區信義路163巷3號10樓
郵 政 劃 撥／19907596 楓書坊文化出版社
網　　址／www.maplebook.com.tw
電　　話／02-2957-6096
傳　　真／02-2957-6435
作　　者／川口拓
翻　　譯／陳聖怡
責 任 編 輯／邱凱蓉
內 文 排 版／謝政龍
港 澳 經 銷／泛華發行代理有限公司
定　　價／380元
初 版 日 期／2024年1月

國家圖書館出版品預行編目資料

都市型災害應變求生計畫：天災後才是危險的開始！？ / 川口拓作；陳聖怡譯. -- 初版. -- 新北市：楓樹林出版事業有限公司, 2024.01　面；　公分

ISBN 978-626-7394-29-8（平裝）

1. 防災教育 2. 災害應變計畫 3. 都市

575.87　　112020594